올리버의 어마어마하게 큰 우주 이야기

호르헤 챔 글·그림 장이린 옮김 김상철 감수

Mirae N 아이세움

OLIVER'S GREAT BIG UNIVERSE
Copyright ⓒ Text and illustrations copyright ⓒ 2023 Jorge Cham

All rights reserved.
Korean translation copyright ⓒ 2023 by Mirae N Co., Ltd
Korean translation rights arranged with The Gernert Company, Inc.
through EYA Co.,Ltd

이 책의 한국어판 저작권은 EYA Co.,Ltd 를 통해
The Gernert Company, Inc. 과 독점 계약한
주식회사 미래엔이 소유합니다.
저작권법에 의하여 한국 내에서 보호를 받는 저작물이므로
무단 전재 및 복제를 금합니다.

올리버의 어마어마하게 큰 우주 이야기

지은이 호르헤 챔 | **옮긴이** 장이린 | **감수** 김상철
펴낸날 2023년 12월 12일 초판 1쇄, 2025년 11월 20일 초판 4쇄
펴낸이 신광수 | **출판사업본부장** 강윤구 | **출판개발실장** 위귀영
아동인문파트 김희선, 박인의, 설예지, 이현지 | **출판디자인팀** 최진아, 당승근
출판기획팀 정승재, 김마이, 박재영, 이아람, 전지현
출판사업팀 이용복, 민현기, 우광일, 김선영, 허성배, 이강원, 정유, 정슬기, 정재욱, 박세화, 김종민, 정영묵
출판지원파트 이형배, 이주연, 이우성, 전효정, 장현우
펴낸곳 (주)미래엔 | **등록** 1950년 11월 1일 제16-67호 | **주소** 서울특별시 서초구 신반포로 321
전화 미래엔 고객센터 1800-8890 **팩스** 541-8249 | **홈페이지 주소** www.mirae-n.com

ISBN 979-11-6841-755-7 74450
ISBN 979-11-6841-754-0 세트

KC 마크는 이 제품이 공통안전기준에 적합하였음을 의미합니다.
사용 연령: 8세 이상

*책값은 뒤표지에 있습니다. 파본은 구입처에서 교환해 드리며, 관련 법령에 따라 환불해 드립니다.
다만, 제품 훼손 시 환불이 불가능합니다.

우주에서 최고로 멋진 엄마에게.
- 올리버

일러두기
* 감수 의견은 ( )에 따로 표기했습니다.
* 인명, 지명 등의 고유 명사는 국립국어원 외래어 표기법에 따랐습니다.

목차

제1장 우주에서 오는 감마선	9
제2장 빅뱅!	22
제3장 블랙홀을 조심해!	35
제4장 뭉치며 폭발하는 태양	60
제5장 여덟 개의 행성들 그리고 음, 명왕성	87
제6장 우주에 있는 으스스한 것들	125
제7장 어마어마하게 큰 우주	151
제8장 이제 시간이 됐어!	184
제9장 우주의 종말	213
제10장 이 책의 끝	234
부록 만화 대단한 우주 모험가 올리버	238
더 배우고 싶은가요?	247
감사의 글	249
찾아보기	251

제1장
우주에서 오는 감마선

난 네가 무슨 생각하는지 알아. 나 같은 평범한 열한 살짜리 아이가 어떻게 우주에 대해 설명할 수 있을까 궁금하겠지?

내가 유명한 과학자일까? 아니.
내가 무슨 일이든 잘할 수 있는 천재일까? 그럴 리가.

당연히 나보다 훨씬 똑똑한 아이들이 있지.
크리스토퍼는 지난번 학교 장기 자랑에서 루빅큐브를 단 12.7초 만에 맞추었어. 눈을 가린 채로!

쥬비는 글쓰기 수업 과제로 미국 독립 전쟁 역사를 단 세 페이지에 다 적었어.

사실 우리 반에는 재능 있는 친구들이 많아.

조이 C.
축구를
정말 잘함.

마테오 S.
놀라운 그림 솜씨

개비 M.
우리 반 반장

스벤 P.
겨드랑이를 악기처럼
연주할 수 있음.

난 뭘 잘하냐고? 그냥 이렇게만 말할게.
교장 선생님이 내 이름을 알고, 다른 아이들보다 교장실을 잘 알고 있다고.

주제에서 벗어난 이야기지만, 내가 많이 산만하다는 것을
그럴듯한 말로 포장한 거야. 이 책을 읽으면 알게 되겠지.

어떤 때는 다른 걸 하다가 또 다른 것에 정신을 빼앗기기도 해.
바로 지금처럼 말이지.
피아노 연습을 해야 하는데 이 책을 쓰고 있었거든.
그 와중에 15분 정도 만화책도 읽었어.

원래 내가 말하고자 했던 주제로 다시 돌아가 볼게.
4학년 말 아주 특별했던 어느 날, 산만한 내가 완전히 집중했던 적이 있었어.

하워드 박사님의 발표

하워드 박사님

우리 반은 한 해 동안 어른들을 초청해
그분들의 직업에 대해 이야기를 듣는 시간을 가졌거든.
한번은 데본의 할아버지가 오셔서 지질학자에 대해 이야기해 주셨지.
그거 알아? 글쎄, 평생 동안 바위만 연구하면서 사는 사람도 있대.

또 다른 날에는 알레한드로의 어머니가 수의사에 대해 이야기해 주셨지.
자신이 치료했던 동물들의 사진을 보여 주셨는데,
정말 끔찍한 시간이었어. 막 점심을 먹은 뒤였거든.

학년이 거의 끝날 무렵, 하워드 박사님이 교실에 오셔서
무슨 일을 하는지 알려 주셨어. 처음 하워드라는 이름을 들었을 때
우리 반 담임 선생님과 이름이 같은 게 웃기다고 생각했어.
두 분이 부부라서 성이 같다는 것을 알기 전까지는 말이야.
나중에 알고 충격받았지.

선생님들도 우리와 마찬가지로 사람입니다. (쇼킹!)

선생님들은
· 로봇이 아닙니다. 외계인도 아닙니다.
· 가족도 있고 물건도 있습니다!
· 아마 어렸을 때 만화책을 읽었을 것이고,
  지금도 읽을 수 있습니다!
· 어쩌면 외계인일 수도 있습니다.
  확실히 외계인이 아니라고 말할 수 없습니다.

어쨌든 하워드 박사님은 **감마선** 이야기를 해 주셨어.
하워드 박사님은 닥터로 불리지만, 내 친구 호세의 부모님처럼
사람들을 검진하거나 편도선 제거 수술 같은 일을 하는
의사가 아니라는 것을 알게 됐어. 하워드 박사님은 과학 분야의 박사였지.

과학에서도 편도선을 다루나요?
이야기해 봅시다.

하워드 박사님은 감마선이 우주에서 오는 빛의 한 종류라고 말씀하셨어.
때때로 별들이 폭발하면 이런 빛을 내보내는데,
그 빛이 너무 밝고 강력해서 지구에 닿기만 해도 우리를 완전히 태워
버리고 말 거래.

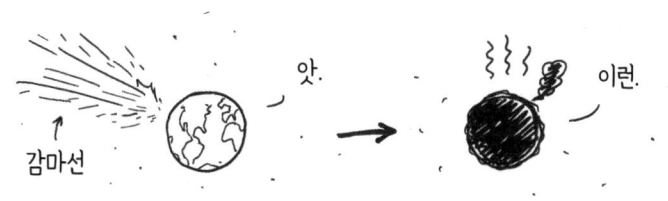

훅, 감마선이 지구의 공기를 날려 버리고 모든 것을 바싹 태워 버리겠지.

15

하워드 박사님은 감마선이 꽤 굉장한 것이라고 하셨어.
우리에게 치명적인 피해를 입힐 만큼 강력하지 않다면,
감마선은 우주와 우주에 있는 모든 것들에 대해 알려 줄 수 있다고 하셨지.
별이나 블랙홀, 심지어 다른 행성에 생명체가 있는지도 말이야.

그 이야기를 듣는 순간 난 결심했어.
나중에 커서 하워드 박사님과 같은 천체 물리학자가 되기로 말이야.

그러니까 내 말은, 유명한 축구 선수가 되거나 미술 대회에서 상을 받지는 못하겠지만 하워드 박사님처럼 우주를 연구하는 일은 할 수 있다는 거야.

하늘을 올려다보고 우주의 별과 은하들이 어떻게 움직이는지, 행성들이 어떻게 충돌하는지, 얼마나 멀리 떨어진 우주에 외계인들이 살고 있는지 연구하는 거지.
난 천체 물리학자 올리버 박사가 될 거야.

천체 물리학자가 아니면, 배우가 될지도 모르지.
사투리도 말할 수 있거든. 스코틀랜드 지역 사투리는 정말 잘해.
물론 연극이나 영화에 출연한 적은 한 번도 없어!

우주에 대해 내가 모르고 있는 게 무엇인지 생각해 봤어.
우주에는 또 어떤 멋진 것들이 있을까? 차차 알게 되었지.
우주에 대해 알아야 할 것들이 아주 많다는 사실을 말이야.
하워드 박사님이 **거대한** 우주에는 신기하고 특별한 것들이 가득하다고
말해 주셨거든. 바로 다음과 같은 것들이지.

1) 아마 외계인: 하워드 박사님은 우주에 정말 많은 행성
(스스로 빛을 내지 못하는 천체)들이 있기 때문에,
그중에는 외계인이 살고 있는 곳도 분명히 있을 거라고
생각하셔. 외계인을 만나는 상상을 해 봐!

2) 블랙홀: 블랙홀은 우주에 있는 절대 빠져나갈 수 없는 구멍이라고 보면 돼.
비 오는 날의 푹신한 소파 같은 거지.

3) 보이지 않는 것들: 하워드 박사님은 우주에 온갖 종류의 보이지 않는 것들이 있다고 하셨어. 커다란 원 모양의 은하에서부터 바로 지금 우리를 빠르게 통과하고 있는 초소형 입자들까지!

하워드 박사님에게 천체 물리학자가 되겠다고 말씀드렸어.
당연히 박사님은 무척이나 흥미로워하셨지.

뭐, 설득이 좀 필요하긴 했지만 결국 박사님은 내게 더 많은 것을 가르쳐 주시기로 약속했어. 그 순간 정말 멋진 생각이 떠올랐지.
내가 배우는 것을 다른 아이들도 읽을 수 있게 책으로 만드는 거야!
다른 사람에게 설명하는 것보다 효과적인 공부 방법은 없을 거야.
아빠는 무엇인가를 이해하는 가장 좋은 방법은 남에게 설명해 보는 거라고 했어. 근데 아빠 말은 보통 반은 맞고 반은 틀렸던 것 같아.

혹시 모르지, 어쩌면 너도 이 책을 읽고 나면
천체 물리학자가 되고 싶을지도. 아니면 배우가 되고 싶거나!

어느 날 네가 외계인을 만났다고 생각해 봐.
그런데 외계인들이 우주에 대해서 이야기하면 어떻게 할 거야?
내 생각에는 우리가 외계인과 공통점이 많지는 않을 것 같아.
외계인들이 우리가 보는 텔레비전 프로그램이나 만화책을 보지는
않을 거란 말이지.

이런 상황에서 그들과 마주쳤을 때,
외계인들은 우주 이야기가 담긴 이 책이 있다는 사실에 기뻐할 거야.
이 책이 없다면, 정말 정말 정말 어색한 상황이 벌어질 수도 있어.

제2장
빅뱅!

좋아, 이제부터 우주에 관해서 말해 볼까 해.
아무래도 처음부터 시작하는 것이 좋겠지?

가끔 학교에서 모임이나 행사를 할 때 학생들이 한 곳에 모여 있으면
얼마나 답답한지 알지? 금방이라도 폭발할 것 같은 느낌 말이야.

언젠가 하워드 박사님을 만난 후에 '좁아터진 곳'에서 발이 묶여 꼼짝 못 한 적이 있었어. 우리 학교는 지어진 지 오래돼서 학생 식당으로 가는 통로가 정말 비좁거든. 그래서 모두들 좁아터진 곳이라고 불러. 점심시간 종이 울리면 학생들이 그곳에 모여들어 붐비곤 해.
그날은 감자튀김이 나오는 금요일인 데다가
스티브 로제키가 불평을 늘어놓느라 통로 한가운데 서 있는 바람에
훨씬 비좁아졌어.

사실 스티브는 학생 식당 메뉴에 늘 불만이 많았지만,
음식을 나누어 주시는 첸 아주머니는 한 마디도 대꾸하지 않으셨지.

모두 통로에 꽉 끼인 채 계속 기다렸어.

기다리는 동안에도 점점 많은 아이들이 모여들었지.

감자튀김 냄새가 통로에 퍼자 너무 덥고 숨이 막히기 시작했어.

아이들 모두 배도 고프고 힘들었지.

로저 정이 내뱉었던 결정적인 말만 아니었어도 괜찮았을 거야.

우당탕탕!

학생들이 통로 바깥으로 순식간에 뛰쳐나갔어.
"냄새 난다고 말한 사람이 바로 범인이야." 하고 말하기도 전에
폭발하듯이 말이지. 더 이상 감자튀김을 신경 쓰는 사람은 아무도 없었어.

좋아, 지금 이 그림을 잘 기억해 둬.
바로 우주의 시작을 보여 주는 모습이거든. 방귀는 빼고 말이야.

우주가 시작되었을 때 지금 우리가 볼 수 있는 모든 것,
그러니까 별과 행성과 소행성과 은하와 기타 등등이 모두 엄청나게
작은 크기로 뭉쳐 있었대. 얼마나 작았냐고?
아래 그림의 점보다 더 작은 공간에 별, 행성, 소행성, 은하 등
모든 것들을 집어넣는다고 상상해 봐.

믿기 힘들겠지만, 우주의 모든 것이 그렇게 작게 뭉쳐 있었어. 정말이야.
하워드 박사님은 우주가 얼마나 작게 뭉쳐 있었는지
더 정확하게 보여 주려면 내가 그린 점보다
백만 배나 더 작은 점을 그려야 한다고 하셨어.
아쉽게도 그렇게 얇은 펜은 없어서 상상력을 발휘해야 할 거야.

그렇게 뭉쳐 있던 우주가 단 1초 만에 폭발했던 거야.
우주의 모든 것이 엄청나게 작게 뭉쳐 있었고,
그 다음은 쾅! 거대했지.

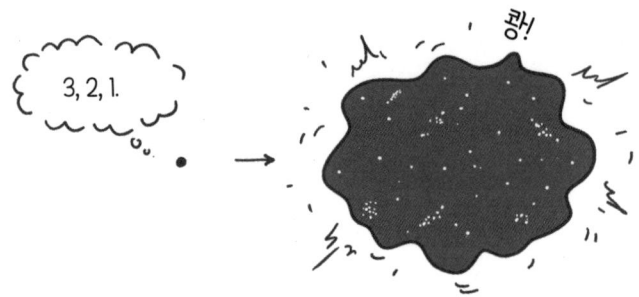

하워드 박사님은 이 폭발이 약 140억 년 전(14,000,000,000년)
아주 오래전에 일어났다고 하셨어.
공룡은 약 2억 4천만 년 전(240,000,000년)부터 살기 시작했대.
공룡이 지구에 살기 훨씬 전에 폭발한 거지.

지금 네가 무슨 생각을 하는지 알 것 같아.
그렇게 오래전에 일어난 일을 도대체 어떻게 알 수 있냐는 거지?
하긴 2주 전에 했던 일도 기억 잘 안 나니까.

하워드 박사님은 내게 잊지 못할 중요한 말을 해 주셨어.
우주가 현재도 **여전히** 폭발하고 있기 때문에
폭발했던 사실을 알 수 있는 거래.

박사님은 망원경으로 하늘의 은하(우리은하처럼 별들이 이루고 있는 큰 무리)
들을 올려다본다면 이상한 점을 발견할 거라고 하셨어.

서로에게서 멀어지는 은하들을 본다면 예전에는 함께 있던 은하일 거야.

그게 바로 과학자들이 '우주가 한때는 함께 뭉쳐 있었을 것'이라고
생각한 근거야.

교장 선생님인 나로 박사님도 그날 '좁아터진 곳'에 오셨을 때
서로에게서 멀리 도망치는 아이들을 보며 이렇게 생각하셨을 거야.

놀랍게도 우주는 지금도 여전히 폭발하고 있지만 예전만큼 폭발하는 속도는 빠르지 않아.(논쟁이 있는 이론으로, 학계에서는 우주가 점점 빠르게 팽창하고 있다는 우주 가속 팽창 이론이 정설이다.) 하워드 박사님은 중요한 사건은 대부분 1초 안에 일어났다고 얘기하셨어. 우주의 시작을 '빅뱅(대폭발)'이라고 부르는 이유가 바로 그 때문이지.

하워드 박사님은 대폭발이라고 부르는걸 썩 좋아하지 않는다고 하셨어. 우주는 정확히 말하면 '폭발'한 것은 아니거든. 스스로 빠르게 커진 거지. 하지만 대폭발이라는 이름이 더 멋진 것 같아. 스스로 빠르게 커진 우주보다는 폭발하는 우주에서 살고 싶지 않겠어?

하워드 박사님에게 어떻게 우주가 스스로 커질 수 있냐고 물어보았어.
박사님은 아이들이 '좁아터진 곳'으로부터 서로에게서 멀어지는 대신
그 통로가 갑자기 커지는 모습을 상상해 보라고 하셨지.

그 모습과 비슷하게 우주가 태어날 때 엄청 작게 뭉쳐 있던
소행성, 행성, 별, 은하 등이 단 1초 만에 폭발해서 우주가 커지게 됐지.
커진 우주로 은하들이 퍼져 나갔고
은하 사이 간격은 멀어져서 텅 비게 되었지.

네가 다시 무슨 말을 할지 알 것 같아.

우주가 어떻게 시작했는지에 대한 진짜 답은 될 수 없다는 거지?

폭발이 일어나기 전에 무슨 일이 있었을까?

우주는 과연 어떻게 시작됐을까?

빅뱅이 일어나기 전에는 무엇이 있었을까?

하워드 박사님에게 문자를 보냈어.

 하워드 박사님! 질문이 있어요. 우주가 빅뱅과 함께 시작했다면, 빅뱅 이전에는 무엇이 있었죠?

내 전화번호는 어떻게 알았니?

 하워드 선생님이 알려 주셨어요.

그래?

 네, 박사님이 일만 하지 마시고 다른 데도 관심을 기울이면 좋겠다고 하셨어요.

박사님이 말해 주신 건 상당히 놀라웠어.

빅뱅 이전에 무슨 일이 일어났는지 아무도 모른다고 하셨거든.

빅뱅이야말로 우리가 알 수 있는 가장 오래된 사건인 거야.

하워드 박사님은 두 개의 이론을 설명해 주셨어.

이론 #1: 시간 자체가 빅뱅과 함께 시작되었다는 거야.
빅뱅 이전에는 아무것도 일어나지 않았다는 것을 의미하지.
마치 달리기 시합이 시작하기도 전에 결과가 어땠는지 묻는 것과 같아.
달리기 시합이 없었으니까 당연히 대답해 줄 말이 아무것도 없어.

이론 #2: 지금 우리가 살고 있는 우주 전에 또 다른 우주가 있었다는 거야.
우리 우주가 서로 부딪히며 합쳐진 다른 우주에서 왔을 수도 있고
우리 우주가 다른 우주에서 새롭게 태어났을 수도 있다는 거지.

아무도 몰라! 아마 앞으로 누구도 알아내기 어려울 거야. 이건 말이지, 네가 태어나기 전에 무슨 일이 있었는지 기억하려고 애쓰는 것과 같아. 태어나지도 않았는데 어떻게 기억할 수 있겠어!
하지만 내가 태어나기 전에는 이 세상이 정말정말 지루했을 거야.
우주가 어디에서 왔는지 나만의 이론이 있어.

우주가 어디에서 왔든지 간에, 우주에 시작이 있었다는 것은
무척 멋진 생각 같아. 우리를 우주와 더 가깝게 만들거든.
우주는 항상 주변에 있었던 게 아니고, 크기가 정말 작았다가 훨씬 커졌어.
또 계속해서 커지고 있어. 어디서 많이 들어본 얘기지?

제3장
블랙홀을 조심해!

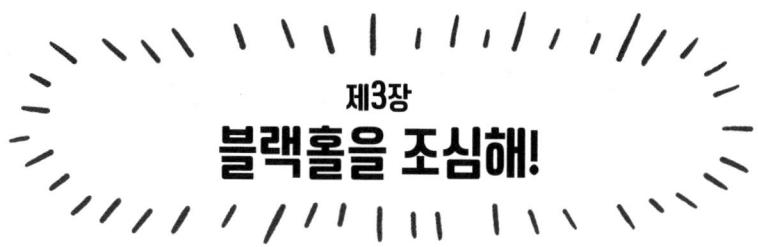

여름 방학을 즐겁게 보냈어. 정말이야. 내가 소파에 갇히기 전까지는 말이지.

여름 방학이 2주밖에 남지 않았을 때였어.

부모님은 방학 마지막 주에 가족 여행을 가길 원하셨어.

그렇다면 여름 방학이 일주일밖에 남지 않은 거나 마찬가지였지.

물론 방학 내내 많이 빈둥거리긴 했지만, 여름 방학이 끝나기 전에
마지막으로 아무것도 하지 않고 지낼 수 있는 기회였어.
그 시간을 소중하게 보내고 싶었지.
그래서 계획표를 세웠어. 물론 계획은 정말 단순했어.

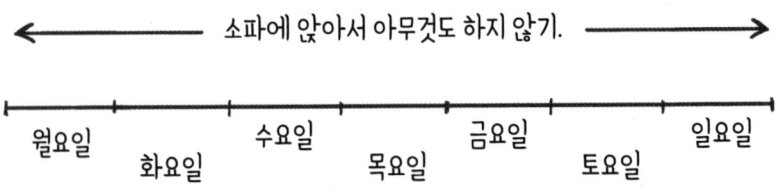

맞아. 한 주 내내 소파에 앉아서 그저 느긋하게 쉬는 계획이었어.
하지만 항상 나를 가만히 내버려 두지 않는 아빠를 설득해야만 했지.

정말 아무것도 안 할 계획은 아니었어.
소파에 앉아서 꼭 해야 할 중요한 일들이 있었지.

소파에서 할 일들

- ☐ 비디오 게임 하기
- ☐ 책 읽기
- ☐ 비디오 게임 또 하기

사람들은 느긋하게 쉬는 방법을 많이 알고 있다고 생각하지만, 얼마 못 가 쓸모 있는 일들을 하기 시작해.
해야 할 일을 떠올리거나 좀 더 일찍 일을 끝내는 방법을 고민하지.
하지만 나는 정말로 아무것도 하지 않을 거야.

내 계획을 실천하기에 안성맞춤인 소파도 있어.
내가 태어나기 전부터 있던 아주 오래된 소파야.
부모님은 동생과 내가 열여덟 살이 되기 전까지 소파를 새로 사지 않으실 거래. 동생과 나는 뭔가를 엎지르거나 물건들을 부서뜨리는 일이 많거든.

책들과 비디오 게임기를 챙겨 와 소파에서 쉴 준비를 했어.

그때 갑자기 이런 생각이 들었어. 배고프면 어쩌지?
아무것도 하지 않고 앉아만 있어도 에너지가 많이 필요하거든.
에너지를 보충하기 위해 소파에서 다시 일어나고 싶지 않았어.
그래서 부엌에 가서 과자를 좀 챙겨 왔지.

그런데 이런 생각도 들었어. 책을 다 읽으면 어떻게 하지?
정말 재미있는 만화책도 그리 오래가진 못하거든.
10번 혹은 20번을 읽는다고 해도 말이야. 그래서 책을 더 많이 챙겨 와
또다시 준비를 했어.

곧 소파가 가득 찼어.

퍼즐 장난감, 노트북, 태블릿 그리고 마실 것도 가져와야 한다는 걸 깨달았을 때 소파에서 좀처럼 일어나기 힘들었지.

다행히 그때 동생 베로니카가 지나갔어.

나 좀 볼래?

베로니카는 나보다 세 살 어리고, 우리는 꽤 잘지내는 편이야.
엄마가 다른 어른들에게 말하는 걸 들은 적이 있는데,
우리가 함께하는 시간의 80퍼센트는 사이좋게 지낸다고 하셨어.
내 생각에도, 오빠와 동생 사이를 점수로 매긴다면
확실히 80점 정도는 받을 수 있을 것 같아.

하지만 안타깝게도, 그날은 동생과 잘 지내지 못하는 20퍼센트였지.
동생에게 내 물건 좀 가져다 달라고 했더니 너무 바쁘다고 하지 뭐야.

결국 나는 동생에게 대가를 줄 수 밖에 없었어.
물건을 하나 가져다줄 때마다 1달러씩 주기로 했지.
비싸고 나쁜 방법이었지만, 어쩔 수 없었지.
동생은 내가 원하는 물건들을 가져다주었어.
루빅큐브, 우유, 양궁 놀이, 수집한 카드, 야구 방망이…….
심지어 아빠 볼링공까지 가져다주었어.

동생이 정말 많은 물건들을 가져다주는 바람에 3주치 용돈을 동생에게 줘야 했지. 게다가 물건이 얼마나 많았는지 소파의 쿠션이 푹 꺼져서 내 엉덩이가 거의 바닥에 닿을 정도였어.

어쩌면 소파에 갇혀 빠져나갈 수 없을지도 모른다는 생각이 들었지.
그래서 엄마 아빠에게 마지막 인사를 남기기로 했어.
할머니께서 아끼시는 꽃병을 깨뜨렸다고 말해야 했거든.
껌과 젤리로 붙여 놓아서 부모님은 꽃병이 깨졌는지도 모르셨겠지만,
날씨가 더워지면 껌과 젤리가 녹을 테니 언젠가 아시게 될 거야.

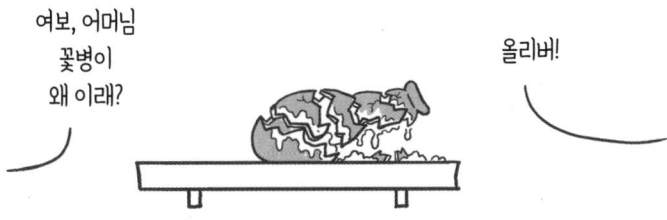

소파에 갇힌 것과 블랙홀이 무슨 관계가 있는 걸까?
소파에 갇힌 것은 블랙홀에 갇힌 것과 매우 비슷해.

블랙홀이 뭐냐고? 물어봐 줘서 고마워.

블랙홀은 정말 굉장해. 이름이 모든 것을 말해 주지.
간단하게 들리겠지만 검은 구멍이야.
중요한 점은 오래된 바지나 스위스 치즈 덩어리 위에 난 구멍이 아니라
우주 그 자체에 있는 구멍이라는 거야.

꽤 이상하게 들리겠지만 우주에 구멍이 있다면 그게 바로 블랙홀이야.
보통 구멍은 위에서 내려다볼 때만 구멍으로 보이거든.
탁자에 있는 구멍을 옆에서 바라본다면 구멍처럼 보이지 않을 거야.

하지만 블랙홀은 어느 방향에서 바라보든지 둥근 구멍처럼 보여.

정말 이상하지 않니? 블랙홀을 구멍이라고 부르는 이유는
물건이 블랙홀 안으로 떨어질 수 있어서야.
네가 커다란 바위나 동생의 자전거를 블랙홀 안으로 집어던진다면
사라질 거야. 휙! 다시는 그 바위나 자전거를 볼 수 없지.

블랙홀의 이상한 점은 안으로 더 많은 물건을 집어넣을수록
구멍이 커진다는 거야. 왜 그런지 설명해 줄게.
블랙홀에 어떤 물질이 있다고 해 보자.
그 물질은 더 많은 것들을 구멍으로 빠져들게 해.
구멍으로 빠진 물질이 구멍을 크게 만들고, 커진 구멍은 더 많은 것들을
빠지게 하고 그것 때문에 구멍이 더 커지고 그리고 또, 그리고 또…….

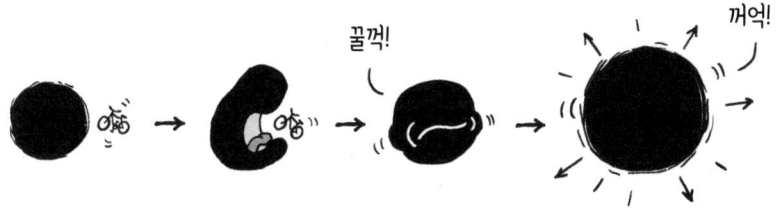

하워드 박사님은 우주 곳곳에 블랙홀이 있다고 하셨어.
많은 블랙홀이 은하의 중심에 있는데, 어마어마하게 크대.
우리은하의 중심에는 폭이 약 2천만 킬로미터나 되는 블랙홀이 있어.
호주 대륙의 가로 길이가 약 4천킬로미터라고 하니, 이 블랙홀이 엄청나게 **크다는** 걸 알 수 있지.

사실 지난주에 박사님에게 새 학년이 되는 게 걱정된다고 말씀드렸는데,
그 때문에 박사님이 블랙홀에 대해 이야기해 주셨지.
모든 것이 두려웠거든.

하워드 박사님은 새 학년이 블랙홀과 비슷하다고 하셨어.
그곳에 들어갔을 때 무슨 일이 벌어질지 아무도 알 수 없거든.
블랙홀에 들어가면 작은 조각이 될 때까지 갈가리 찢길 가능성이 높고
아마 절대 빠져나오지 못할 거라고 하셨어.
이런 이야기들로 내 걱정이 줄진 않는다고 대꾸했지.

박사님은 블랙홀에 무엇이 있는지 모른다는 게 흥미로운 점 중 하나라고 하셨어. 블랙홀의 내부를 알게 되면 우주가 어떻게 작동하는지 이해할 수 있을 거래.

소설에 가까운 이야기이지만 어떤 과학자들은 블랙홀 안에 또 다른 **우주**가 있을 수도 있다고 생각한대.
블랙홀마다 그 안에 은하와 별들 심지어 생명체까지 있는 또 다른 우주가 있을지도 모르지.

어쩌면 우리 우주는 **또 다른** 우주의 블랙홀 안에 있을 수도 있어.
그 다른 우주에서 너와 비슷한 아이가 블랙홀을 바라보면서
그 안에 **우리**가 있는지 궁금해할 수도 있지.

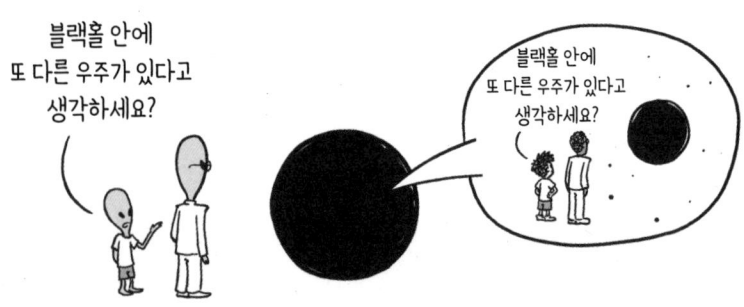

하워드 박사님은 어떤 일이 너무 크고 두렵게 느껴질 수도 있지만,
차차 알게 되면 꽤 흥미로울 수도 있다는 뜻으로 말해 주신 것 같아.
새 학년도 마찬가지겠지. 완전히 새로운 세계가 펼쳐지진 않을 거야.
아마도 친구들을 사귀고 재미있는 것들을 배우게 될 거야.

어쨌든 다시 소파 상황으로 돌아가 보면, 안타깝게도 소파에 갇혀서
블랙홀을 떠올리는 건 좋은 생각이 아니었어.
블랙홀을 떠올리자 갑자기 화장실에 가고 싶어졌거든.

이쯤에서 이런 궁금증이 떠오를 수 있어. 우주가 블랙홀과 같이 **검다면**
우주에서 블랙홀을 어떻게 찾을 수 있을까?

블랙홀을 찾을 수 있나요?

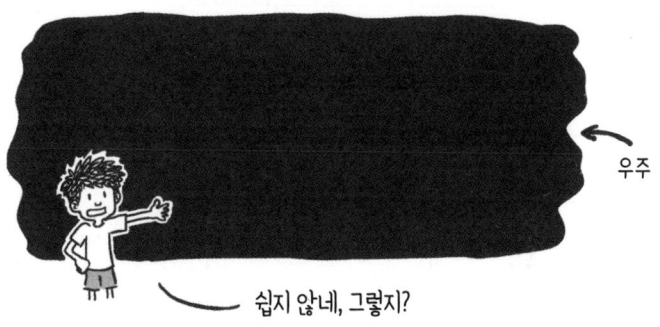

블랙홀이 변기와 비슷하다는 것을 알면 쉽게 이해할 수 있어.
변기 물을 내릴 때, 물이 빙글빙글 소용돌이치면서 내려가잖아.
음, 물론 다른 것도. 블랙홀에서도 똑같은 일이 일어나거든!

소행성이나 가스 덩어리 혹은 동생 자전거와 같은 것들이
블랙홀 안으로 떨어질 때, 항상 똑바로 떨어지지는 않아.
보통은 블랙홀 주변을 빙글빙글 돌게 되지.

때로는 그렇게 블랙홀을 도는 소행성이나 가스 덩어리들이
너무 빨리 움직여서 마치 별똥별이 반짝이는 것처럼 보여.
반짝이는 이 빛을 찾으면 블랙홀을 찾을 수 있어.
인터넷에서 찾은 블랙홀 사진을 봐. 빛나는 소용돌이 보이지?
근데 변기를 예시로 들어서 그런지 거대하고 빛나는 변기 물처럼 보이네.

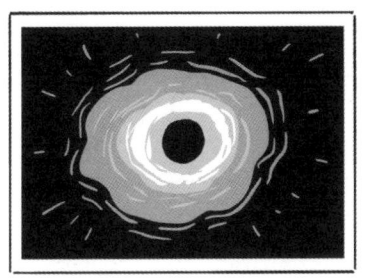

'블랙홀 사진'을 검색해 봐.

빛나는 소용돌이를 찾지 못해도, 블랙홀을 찾을 수 있는 다른 방법도 있어.
바로 블랙홀 주변을 돌고 있는 별들을 찾아보는 거야.
우주에서 텅 비어 보이는 곳 주위를 둥글게 돌고 있는 별들을 보게 된다면 그 가운데에 블랙홀이 있을 거야.

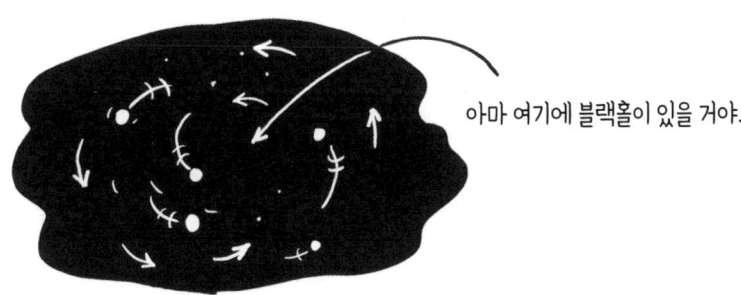

아마 여기에 블랙홀이 있을 거야.

블랙홀과 변기에 관한 생각들 때문에 일주일 내내 소파에서만 지내겠다는 내 계획에 심각한 허점이 있었다는 사실을 깨달았지.
화장실을 가야만 했거든.

내 용돈을 다 주더라도 동생이 화장실을 가져다주지 않을 거라는 걸 알았어. 물건으로 가득 찬 소파에서 빠져나갈 방법을 찾아야 했지. 그렇지 않으면 부모님이 새 소파를 사야 할 이유가 생길 수 있으니까.

그때 하워드 박사님이 해 주신 말이 떠올랐어.
사람들은 블랙홀 안으로 무엇인가를 던져 넣으면,
절대로 빠져나올 수 없다고 생각한대.
블랙홀이 우주에 있는 구멍이기 때문에 어떤 방향으로 나가려고 해도
결국 구멍 안에 머물 수밖에 없다는 거지.
박사님은 또 이런 말도 해 주셨어. 어떤 과학자들이 보기에 그런 생각은
구멍(허점)이 있을 수도 있다고 말이야.

일부 과학자들은 블랙홀의 중심까지 도달할 수 있다면
공간을 터널처럼 연결하는 **웜홀**을 찾을 수 있을지도 모른대.

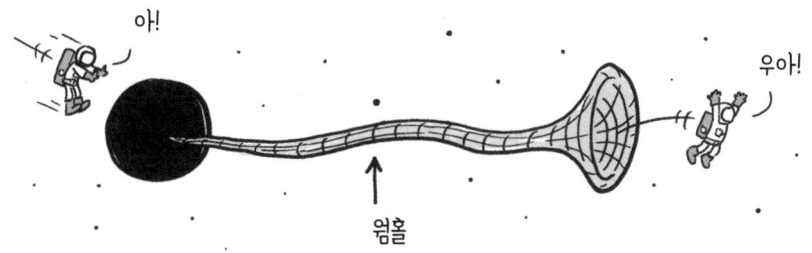

그 터널은 너를 다른 은하 같은 우주의 어딘가로 데려갈 수 있을지도 몰라.
이런 터널이 정말 존재한다면, 미래의 우주 비행사들은 우주의 다른
어딘가로 가거나 정말 멀리 있는 외계인과 이야기할 수도 있을 거야.

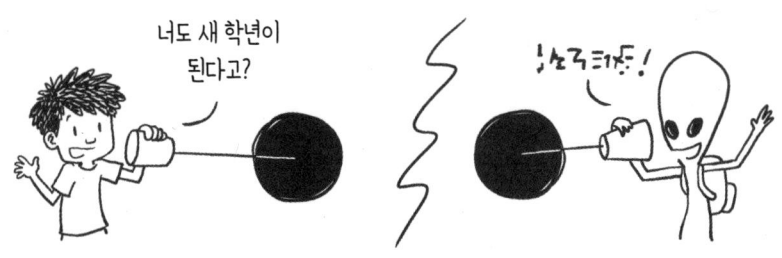

웜홀에 대한 이야기 덕분에 소파를 빠져나갈 아이디어가 떠올랐어.
소파 쿠션 아래로 꿈틀거리며 내려갔지.
그리고 나갈 수 있는 곳을 찾아냈어.

그 구멍은 정말 블랙홀 같았어.

웜홀 대신 내가 비집고 들어갈 수 있는 구멍이 있다는 것만 빼면 말이야.

이 소파는 오래된 것이라고 말했잖아.

얼른 화장실에 갔어. 변기에 앉아서 박사님에게 영상 전화를 걸었어.

"안녕하세요, 하워드 박사님!"
"안녕, 올리버. 잠깐만, 지금 화장실이니?"
"네! 제가 변기 물 내리는 거 보여 드릴까요?"

그러자 박사님은 전화를 끊으셨어.
그래서 화장실에서 나온 뒤에 다시 전화를 걸었지.

"하워드 박사님, 블랙홀에 관해 물어볼 게 있어요."
"아직도 화장실에 있는 건 아니지?"
"아니에요."

"손은 닦았니?"

"음, 잠깐 끊지 말고 기다려 주세요……. 네, 지금 씻었어요."

"하려던 질문이 뭐니?"

"블랙홀은 어떻게 만들어지나요?"

"정말 좋은 질문이구나, 올리버."

"저도 알아요. 항상 화장실에 있을 때 좋은 생각들이 떠오르거든요."

블랙홀이 만들어지는 방법은 매우 간단해.

1단계: 산, 바다, 기타 등등 물체들을 모은다.
2단계: 모은 것들을 모두 힘껏 찌그러뜨린다. 우주에 구멍을 만들 때까지.
3단계: 엄청 빨리 도망친다.

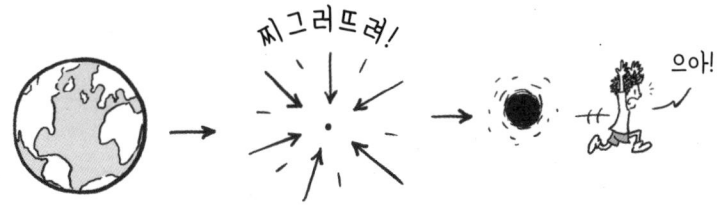

간단하지? 이게 다야. 하워드 박사님은 블랙홀을 만드는 방법 중 우주에 구멍이 만들어질 정도로 물체들을 찌그러뜨리는 2단계가 가장 어려운 일이라고 하셨어.

지구를 블랙홀로 만들려면 지구를 구슬 크기로 압축시켜서 작게 만들어야 해. 산, 대륙, 바다, 나무, 바위 그리고 땅 위의 용암 같은 것들을 작은 공 크기로 찌그러뜨린다고 상상해 봐. 정말 어려운 일일 거야!

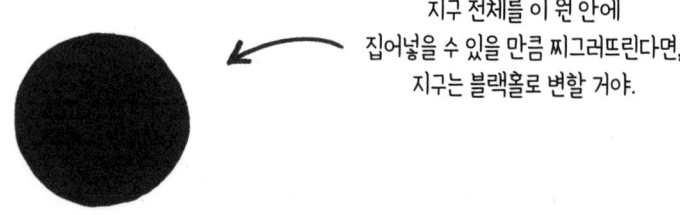

지구 전체를 이 원 안에 집어넣을 수 있을 만큼 찌그러뜨린다면, 지구는 블랙홀로 변할 거야.

블랙홀은 별들이 폭발할 때 생겨난다고 해.
별에 있는 물질들이 엄청나게 압축되면서 블랙홀이 만들어지기 때문이지.
하워드 박사님은 별들이 폭발하면 좋은 점들도 말해 주셨어.
그건 나중에 자세히 알려 줄게.

중요한 것은 내가 소파에서 빠져나왔다는 사실이야.
혹시라도 네가 블랙홀에 빠질까 걱정된다면 안심해도 돼.
블랙홀은 우리와 정말 멀리 떨어진 우주에 있어!

무엇으로든 블랙홀을 만들 수 있다고 생각하자
동생에게서 용돈을 돌려받을 수 있는 좋은 방법이 생각났어.

제4장
뭉치며 폭발하는 태양

드디어 새 학년의 첫날이 시작되었어.

그런데 벌써 큰 위기가 닥치고 말았지 뭐야.

모르는 아이들이 많았지만 첫날의 시작은 나쁘지 않았어.

우리 아빠는 학교 앞에서 나를 내려 줄 때 울먹였지.

그때 아빠와 난 선배들의 모습을 보았어.

짧은 시간에도 아이들의 모습은 아주 많이 변하는 것 같아.

몇 년 안에 그런 모습이 된다면, 새 학년으로 올라가고 싶지 않아.

사물함을 쓸 수 있는 건 좋더라.

다행히 점심 메뉴에 감자튀김은 나오지 않았어.

새 학년 첫날은 내가 생각했던 그대로였지.

그런데 과학 수업 시간에 작은 문제가 생겼어. 오해하지는 마.
과학 수업은 좋았어. 가장 기대하지 않았던 수업이었는데,
가장 기대하게 되었지.

내 수업들	이모티콘 등급
과학	☺
수학	😐
역사	🙂
스페인어	😄
체육	😭
영어	☹

과학 선생님은 정말 멋진 분이야. 발렌시아 선생님은 이상한
과학 주제에 대해서도 재미있게 이야기해 주시거든.

선생님은 서로에 대해 알아 갈 수 있는 활동으로 우리에게 각자
배운 것 중에 가장 기억에 남는 것을 적어 보라고 하셨어.

선생님에게 좋은 인상을 남길 수 있는 기회였지.
그래서 감마선에 대해 내가 알고 있는 것과
우주에 관해 설명하는 책을 어떻게 쓸 것인지에 대해 적었어.
천체 물리학자가 될 거니까 과학 선생님과 잘 지내면 좋겠다고 생각했지.

선생님이 내가 적은 것들을 집에서 읽어 보실 줄 알았어.
하지만 발렌시아 선생님은 그 자리에서 몇 개를 무작위로 뽑아서
반 아이들 앞에서 읽겠다고 하셨지.

글쎄 뭐, 선생님이 내 것을 뽑을 리 없다고 생각했어.
이렇게 반 아이들이 많은데…….

"올리버!"

말도 안돼! 선생님이 내 것을 처음으로 뽑으셨지 뭐야.

많은 사람들 앞에서 말하는 것을 두려워하지 않지만
함께 과학 수업을 듣는 아이들은 한번도 본 적이 없는 아이들이었어.
나는 아이들의 관심을 끌려고 열심히 노력했어.

아이들은 반응이 없었어. 정말이지, 힘들었어. 심호흡을 한 뒤
적어 낸 글을 읽었어. 감마선과 내가 쓸 책에 대해서 말이야.

내 예상과 다르게 흘러갔어.
발렌시아 선생님은 내 이야기를 매우 흥미로워하셨거든.
지금까지 이런 학생은 한 명도 없었다면서
책을 다 쓰면 학생들에게 보여 줄 수 있겠냐고 물어보셨어.

음, 그 순간 무슨 다른 말을 할 수 있었겠어?
솔직히 누군가가 내 책을 읽는다는 것을 진지하게 생각해 본 적은 없었어.
책을 쓰기로 했지만, 내가 모르는 아이들이 내 책을 읽는 것은
완전히 다른 문제거든. 갑자기 **부담**스럽게 느껴졌어.

다른 수업들은 괜찮았어. 스벤은 체육 선생님에게 좋은 인상을 남기려고 겨드랑이 음악을 연주하려고 했는데,
공을 차느라고 땀이 많이 나는 바람에 음정이 맞지 않았지.

그게 다였어. 과학 수업 시간에 있었던 일만 빼고는
새 학년의 첫날이 무사히 지나갔지. 이제 집에 돌아가는 일만 남았어.

선생님들은 집에 갈 때 전 과목 교과서를 받아 가라고 하셨어.

집에서 숙제하라고 교과서를 나눠 주는 것 같았어. 집에 가지고 가는 것은 괜찮지만, 교과서가 가볍게 읽을 만한 책은 아니었지. 첫 번째 교과서를 받았어.

두 번째 교과서도 받았지.

그리고 세 번째…….

일곱 번째 교과서까지 받자, 계단을 무사히 걸어 내려갈 자신이 없었어.
하물며 집까지 가는 건 말할 필요도 없었지.

교과서들을 가방에 집어넣기 위해 세 사람이나 필요했어.

정문 앞은 마치 자연 다큐멘터리의 한 장면 같았어.
아기 거북이들이 바다에 다다르려고 애쓰는 모습 같았거든.
과연 어떤 거북이가 해낼 수 있을지 알 수 없었지.

책가방은 엄청 무거웠고, 바깥은 **엄청나게 더웠어.**
그날은 시멘트 바닥에 계란프라이가 익을 만큼 무지무지 뜨거운 날씨였어.

걸어가는 동안, 우주에 관한 책을 쓰고 발표할 일이 걱정되기 시작했어.
다음 주제로 무엇을 쓸지조차 아직 정하지 않았거든.
고민하는 내 모습을 상상해 봐! 그런데 하늘을 올려다보고 희망이 생겼어.
다음 주제가 내 얼굴을 똑바로 쳐다보고 있었거든.

바로 **태양!** 태양은 멋지고 쿨해. 쿨한 게 뭐냐고?
'시원하다'의 의미도 있지만 '끝내주게 멋지다'는 의미도 있어.
너도 알겠지만, 태양은 엄청나게 뜨거워.
시원함과는 정반대이지. 뒤에서 자세히 알려 줄게.

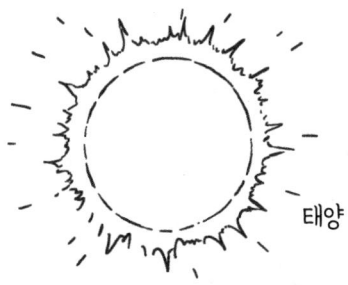

태양

태양을 설명하는 것은 엄청난 일이야. 태양은 어마어마하게 크거든.
불타는 거대한 공 모양인 태양은 지름이 1,400,000킬로미터나 돼.
정말 크지? 태양이 비어 있다면 그 안에 지구가 100만 개 정도 들어 갈 거야.

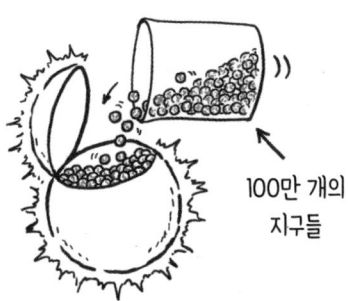

100만 개의
지구들

태양은 지구에서 무려 1억 5천만 킬로미터나 떨어져 있어서 우리에게 아주
작아 보이지.

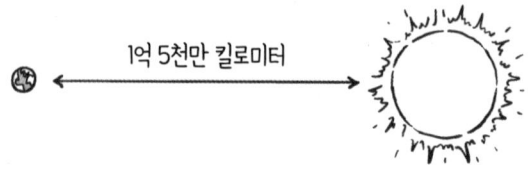

태양은 지구와 정말 멀리 떨어져 있어.

자동차를 타고 태양까지 차로 가려면 150년은 걸릴 거야.

우리 아빠만큼 운전을 느리게 한다면 300년이 걸릴 수도 있지.

우주에서 가장 속도가 빠른 빛도 지구까지 도달하려면 시간이 걸려.

자, 눈을 감고 지금 막 태양을 떠난 햇빛을 상상해 봐.

좋아, 이제 부엌 벽에 걸린 시계를 보러 가. 그리고 기다리는 거야.

기다리고…….

기다리고…….

기다리면…….

1분이 지났어?

그럼, 이제 햇빛은 지구까지 오는 거리의 겨우 8분의 1만큼 도달했어!

조금 더 기다리고…….

기다리고…….

기다리면…….

4분이 지났어? 햇빛은 절반 정도 왔어!

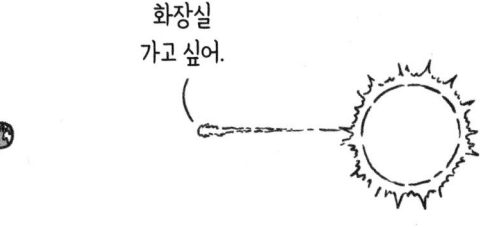

계속 기다려 보자······.
기다리고······.
기다리면······.

8분이 되었어? 그럼 밖으로 뛰어나가서 하늘을 올려다 봐.
네가 상상한 햇빛이 **이제야 막** 지구에 도달했거든.

내가 뭘 말하려는지 알겠어? 우리가 보는 햇빛은 사실 8분 전 햇빛이야.
우주를 통과해 지구에 도달하기까지 8분이 걸린 거지.
엄마가 뭔가를 시켰는데 네가 딴짓하느라 아무것도 하지 않고 있다는 걸
엄마가 알아차리는 데도 시간이 좀 걸리잖아.

어쩌면 태양이 보라색으로 바뀌거나 폭발해 버리거나 사라진다 해도 우리는 무슨 일이 일어났는지 알 수 없을 거야. 8분 동안은 말이야!

아까 내가 태양은 불타는 거대한 공이라고 했지?
사실은 그렇지 않아. 미안. 박사님은 태양이 실제로는 타고 있는 것이 아니라 멈추지 않는 **핵폭발**과 가깝다고 하셨지.

태양은 우주에 떠다니는 커다란 가스 구름이야.
가스 구름은 뭉치려고 하지.

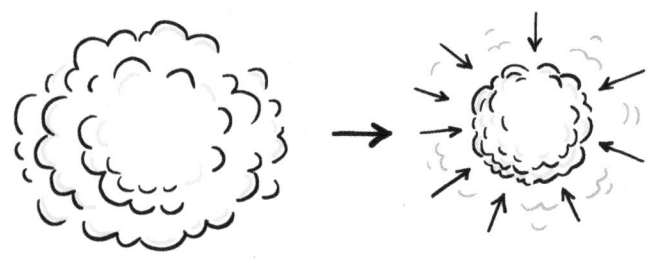

이때 가스 구름 중심에 있는 물질들은 주변에 다른 물질들에 의해 짓눌려 매우 단단하게 뭉쳐지지.

중심으로 향하는 그 모든 힘이 바로 핵폭발을 일으키는 원인이야.

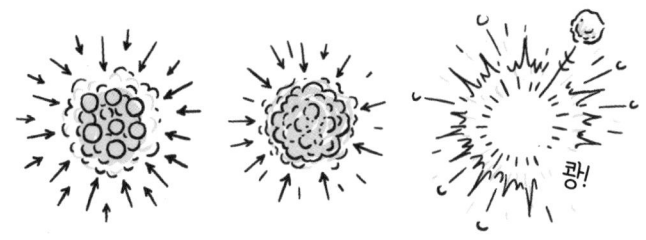

보통 이런 식으로 폭발이 일어나면 폭발한 물질이 사방으로 떠다니게 돼.
하지만 태양 안에서 폭발한 물질들은 갈 곳이 없어.
폭발한 물질들을 주변 물질들이 중앙으로 짓누르기 때문이야.

그래서 태양은 함께 뭉치기도 하고 **동시에** 폭발하기도 해.
끊임없이 뭉치고 폭발하면서 태양은 계속해서 밝게 빛나는 거야.
하워드 박사님에게 태양의 새로운 이름이 떠올랐다고 말씀드렸어.

누가 태양이 무엇인지 묻는다면 이렇게 대답할 거야.
'원자력(핵폭발로 방출되는 에너지)을 가진 끊임없이 뭉치며 폭발하는 지름 1,400,000킬로미터의 거대한 공 모양 가스 덩어리.'

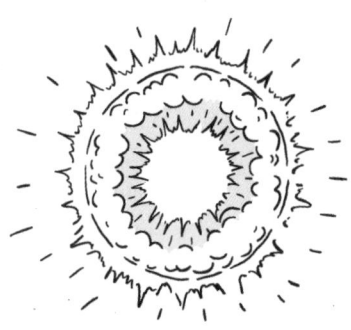

좋아. 이제 태양의 온도에 대해 설명해 줄게.
태양이 엄청나게 뜨겁다고 말했지?
태양의 내부 온도는 15,000,000도로 아주아주 뜨거워.
교과서를 받아 집으로 돌아오는 길이 그 정도로 뜨거운 날씨는 아니었지만,
적어도 내가 느끼기에는 확실히 태양만큼 뜨거웠어.

부모님 차를 타고 집으로 돌아가는 아이들을 봐서 그런지 더 지치고 말았어.

햇빛이 내리누르는 것도 날 지치게 만들었지.

이건 또 무슨 말이냐고? 하워드 박사님이 들려주신 또 다른 이야기야.
박사님은 빛이 우리를 **밀어낼** 수도 있다고 하셨어.
정말 작은 힘이라서 잘 느낄 수는 없지만 빛이 에너지를 가지고 있기 때문에
그 에너지가 닿으면 그 순간 아주 살짝 밀릴 거라고 하셨어.
누군가가 우주에 있는 네게 손전등 불빛을 비춘다면, 네가 아주 천천히
움직이는 게 보일 거야.

굉장하지? 하지만 무더운 날에 무거운 책을 잔뜩 들고 있다면
빛의 에너지는 전혀 도움이 되지 않겠지.
아주 작은 힘일지라도 태양이 너를 내리누르고 있다는 사실을 안다면
하늘이 조금이라도 흐리기를 바라게 될 거야.

이런 사실을 알아서 좋은 점도 있어.
책을 쓰는 데 압박을 받는 게 그렇게 나쁘지 않다는 것을 깨달았거든.

태양의 중심부도 역시 압력을 받고 있잖아. 압력을 받지 않는다면, 태양 안에 있는 물질은 아무 일도 일어나지 않을 거야.
그러면 태양은 빛나지 않겠지.
그러면 지구에는 사람은 물론 어떤 식물이나 동물도 살지 못할 거야.

압박을 받는 것은 책을 쓰는 데 도움이 될 것 같아. 아무 부담감도 없다면, 비디오 게임을 하거나 텔레비전을 보면서 시간을 보낼지 몰라.
그러면 절대 책을 마무리 지을 수 없겠지.

나는 그저 내 책이 태양처럼 빛나기를 원해. 폭발하지 않고 말이야.

폭발이라는 말이 나온 김에 물어볼게.
혹시 태양이 트림을 하는 것을 알고 있어? 그렇게 놀랄 일은 아니야.
태양에 가득 찬 가스는 때때로 물결치는 듯한 파동과 거품을 만들어 내.
그런 것들이 서로 부딪히면서 우주 밖으로 많은 물질을 뿜어내지.

하워드 박사님은 이 트림(코로나 질량 방출)이 너무 커서,
지구까지도 도달할 수 있다고 하셨어.

태양이 뿜어낸 물질은 전기를 띠고 있거든. 태양이 엄청나게 큰 트림을 한다면 컴퓨터와 휴대폰이 타 버릴 수도 있어.
태양의 소화 불량이 그렇게 위험할 수도 있다는 것을 누가 알겠어?

태양은 계속 커지고 있어. 바로 지금도 태양은 점점 더 커지고 있지.
언젠가 너무 커지면 태양이 지구를 집어삼킬 거야.
그럼 지구는 바싹 타 버리겠지.

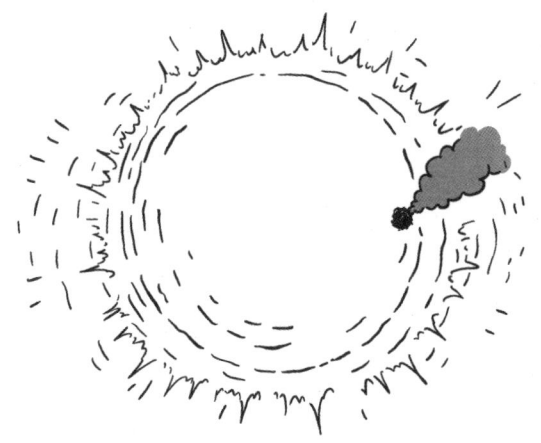

하지만 언젠가 태양 안에 있는 물질들을 다 써 버린다면,
핵폭발은 멈추게 될 거야. 그러면 태양은 작아지고
조용히 끓고 있는 상태가 되겠지. 마치 동생이 화를 내는 것처럼 말이야.

걱정하지 마. 그런 일은 수십억 년 동안 일어나지 않을 거야.
그때까지 태양은 계속 밝게 빛날 거야.

태양을 생각하면서 걷다 보니 드디어 집에 도착했어.
수백만 킬로미터를 걸었다고 느꼈을 때쯤, 고개를 들자 우리 집 앞이었어.

마침 동생이 마당에 물을 뿌리고 있었어.
동생에게 물을 뿌려달라고 했지. 결국 흠뻑 젖고 말았어.

그래도 상관없었어. 꽤 기분이 좋았거든.

그런데…….

망했다! 내 책도 흠뻑 젖고 말았어.
책을 또 한번 날라야겠군.

제5장
여덟 개의 행성들 그리고 음, 명왕성

후유. 결국 내가 우려하던 일이 벌어지고 말았어. 또 교장실로 불려 갔거든. 좋은 일은 아니었지.

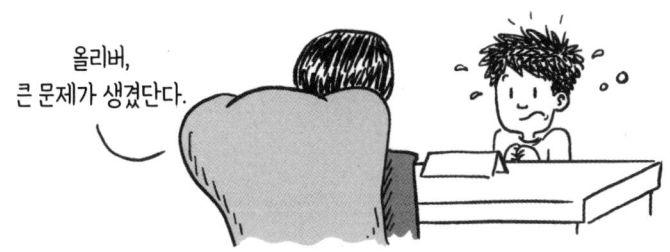

어쩌다가 교장실에 가게 되었는지 말해 주기 전에 좋은 소식이 있어! 친구가 생겼어!

처음엔 새로운 친구를 사귈 수 있을까 걱정이 많았어.
그래서 아이들에게 우주에 관한 멋진 책을 쓰고 있다고 말했지.

이미 쓴 부분을 아이들에게 보여 주기도 했어.

나를 이상하게 보는 아이들이 많았지.

그런데 내 책을 좋아하는 아이가 있었어.

이름이 에비였는데, 우리는 만나자마자 친구가 되었어.

에비는 정말 좋은 친구야.

한번은 우리 집에 놀러와서 오후 내내 같이 비디오 게임을 했어.

에비는 비디오 게임을 처음 해 본다길래 일부러 져 주었지.

혹시 게임에 져서 내가 너무 실망했다는 말을 전해 들어도
절대로 믿지 마.

어느 날, 우리는 학생 식당에서 점심을 먹고 있었어.
그날은 점심 메뉴로 스파게티와 미트 볼이 나와서 좋았지. 스파게티와
미트 볼은 학생 식당 메뉴 중 가장 맛있거든.
특히 맨 위에 치즈 빵 한 조각까지 올려져 있다면 최고지.

에비는 점심을 먹기 시작했어. 그런데 난 미트 볼에 꽂히고 말았어.

미트 볼을 보자 수성이 떠올랐어.

태양계(태양의 주변을 돌고 있는 행성들의 무리)에 있는 행성들 중 하나 말이야.

미트 볼은 둥글고 따뜻해. 수성도 둥글고 따뜻하다고 말할 수 있지. 태양과 가장 가까이에 있는 행성이거든.
공기나 물이 없는 수성은 울퉁불퉁한 회갈색 공 모양으로 보이는데, 미트 볼 역시 표면이 울퉁불퉁해. 비슷해 보이지?

행성이 태양 주위를 한 바퀴 도는 데 걸리는 시간을 **공전 주기**라고 해.

수성은 태양 주위를 가장 빨리 도는 행성이야.

태양 주위를 한 바퀴 도는 데 3개월밖에 안 걸려. 지구는 12개월이 걸리지.

수성의 1년이 지구보다 훨씬 짧다는 것을 뜻하지.

수성에서 살고 있다면, 3개월에 한 번씩 생일을 맞이하게 될 거야.

에비는 이 이야기를 정말 흥미로워했고, 끝내주는 제안을 했어.

바로 내 책에 행성 만화를 그려 준다는 거야.

에비는 정말 훌륭한 화가야. 내가 부탁하는 것은 다 그려 주거든.

한번은 내가 공룡과 싸우고 있는 상어를 그려 달라고 했는데,
에비의 그림은 전문가가 그린 예술 작품 같았지.

에비는 행성들을 학생들인 것처럼 의인화해서 그리자고 했어.
정말 재미있는 생각이었지. 모두 8개의 행성이 있어.
태양에 가까운 것부터 나열하면
수성, 금성, 화성, 목성, 토성, 천왕성 그리고 해왕성이야.

우리는 매일 점심시간마다 만화를 그리기로 했어.
나중에 만화 때문에 교장 선생님에게 불려 가긴 했지만······.
더 자세한 건 나중에 말해 줄게.
일단 행성 만화를 읽어 봐! 진짜로 재미있어!

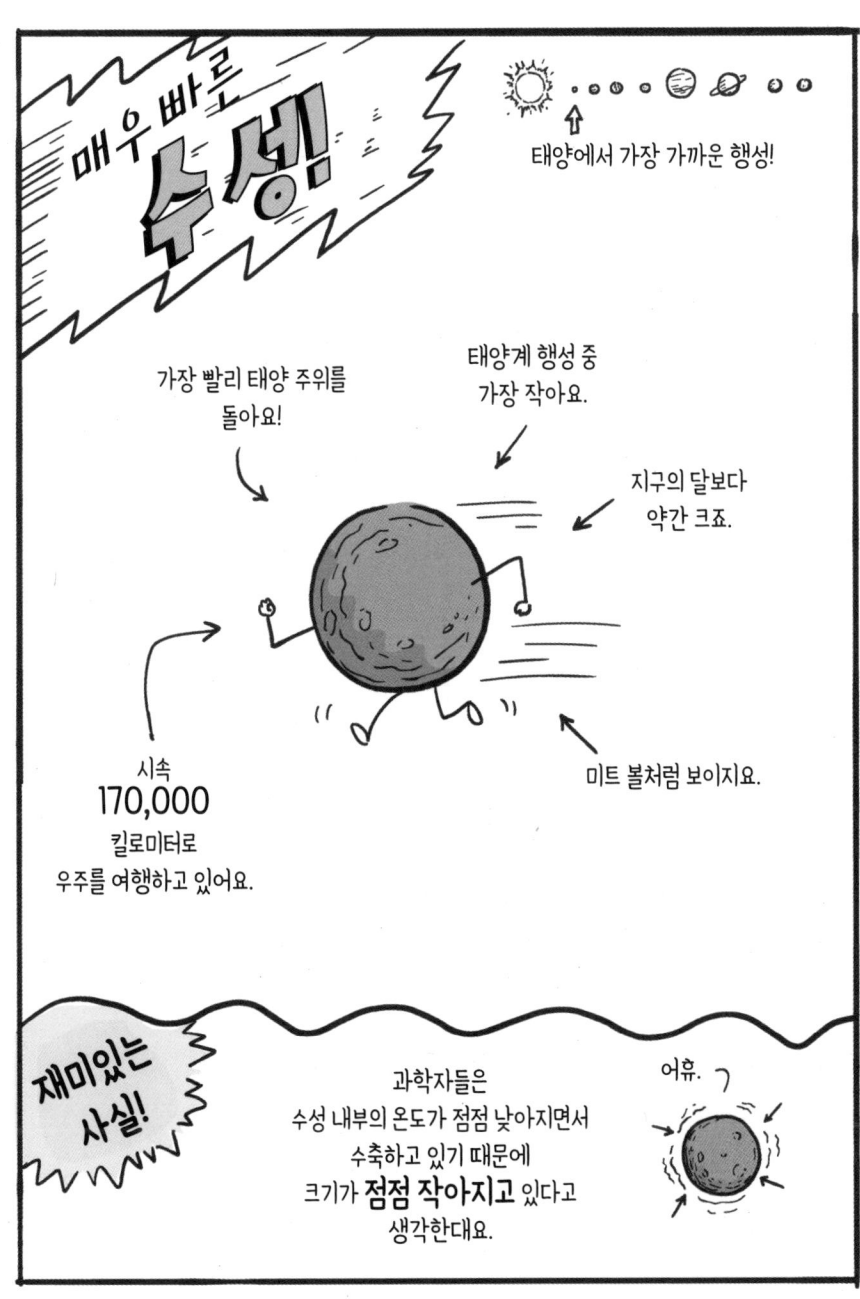

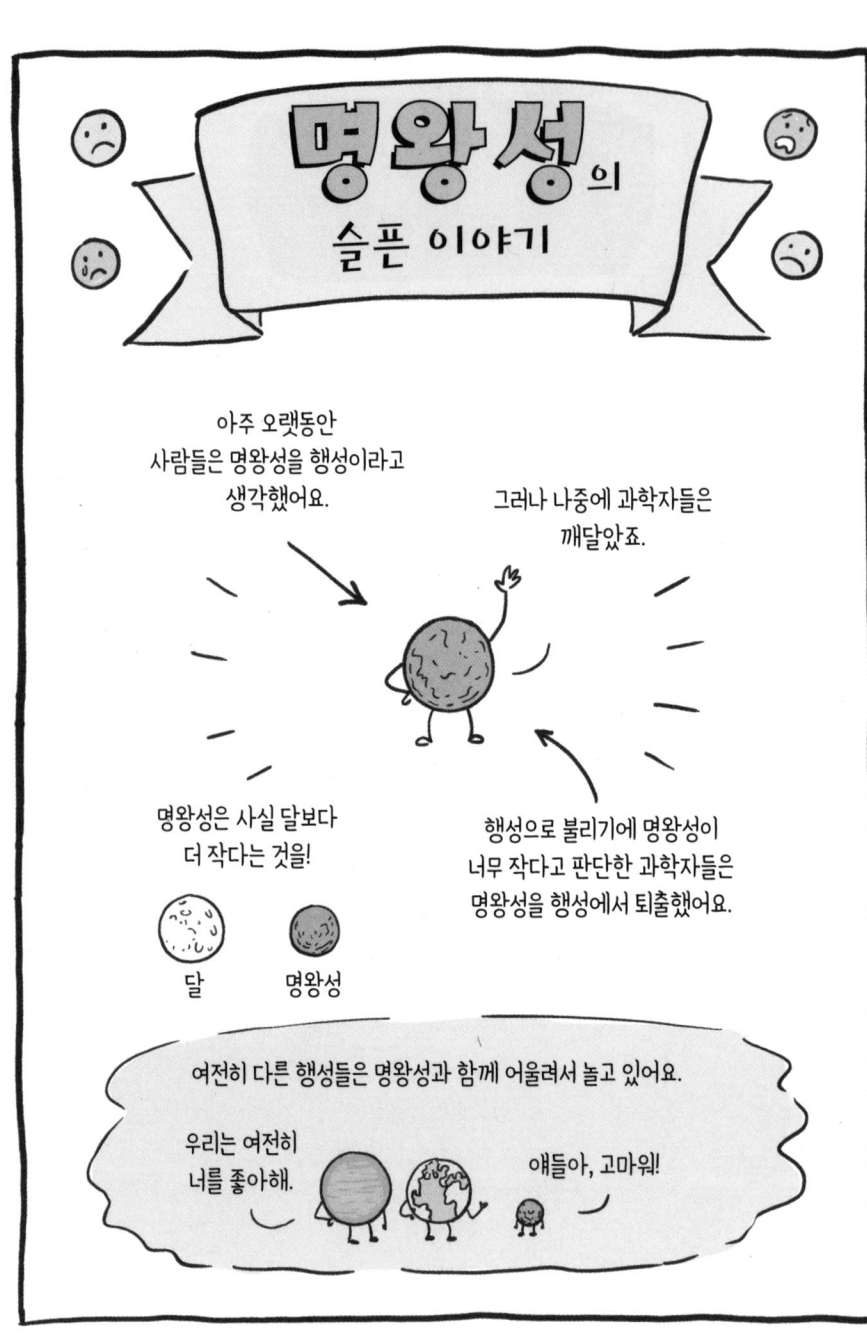

여기까지가 우리가 만든 첫 번째 만화야. 우리는 지구를 주인공으로 하기로 결정했어. 지구는 평범한 아이들과 같기 때문이야.
태양계에서 가장 큰 행성도 아니고, 가장 작은 행성도 아니야.
가장 덥거나 가장 추운 곳도 아니지.
평범하지만 바로 이 점이 지구를 특별하게 해.

지구는 물이 액체 상태로 있을 수 있는 적절한 위치에 자리 잡고 있어.
덕분에 식물, 동물 그리고 사람도 살 수 있지. 지구가 더 뜨거웠다면
물이 끓어 모두 증발했을 테고,
더 추웠다면 물이 꽁꽁 얼었을 거야.

다음 날에는 금성과 화성을 만화로 그렸어.

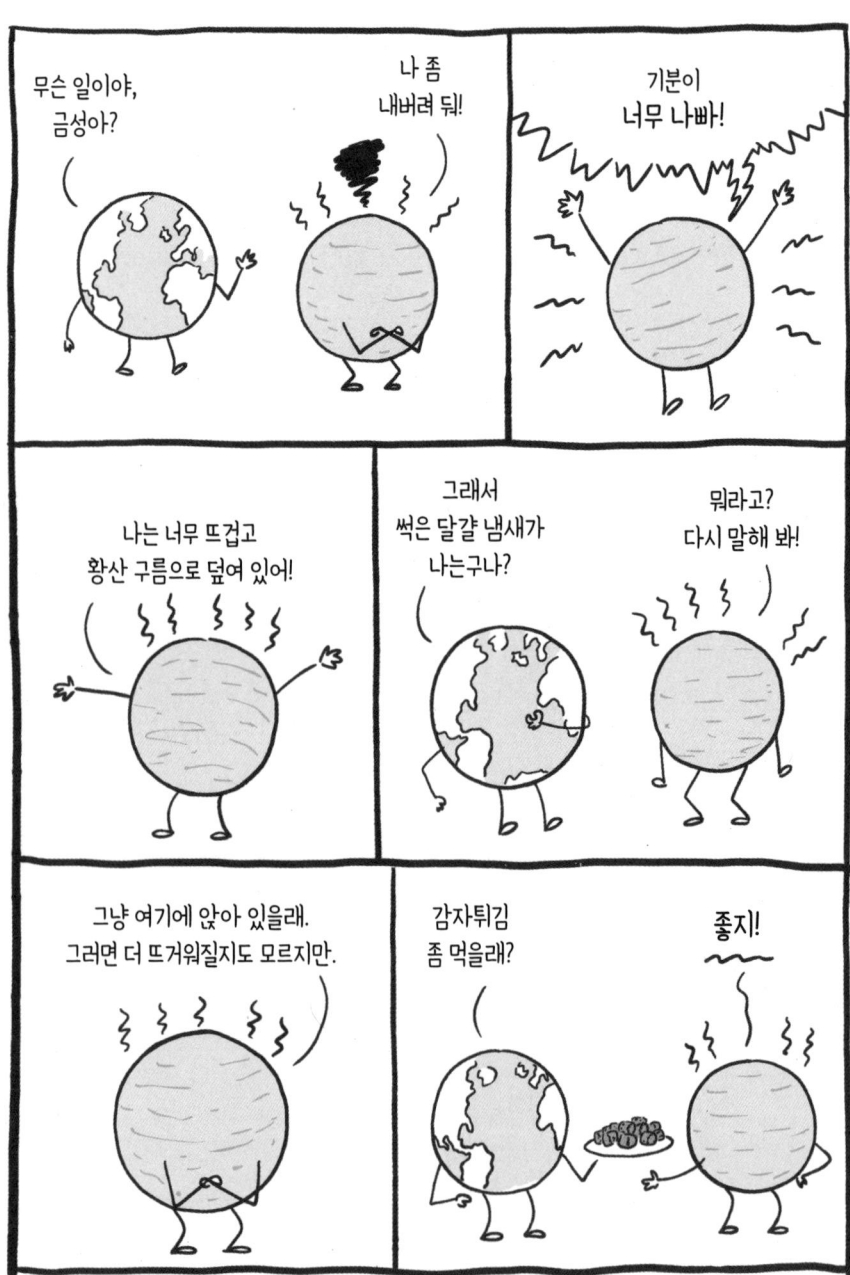

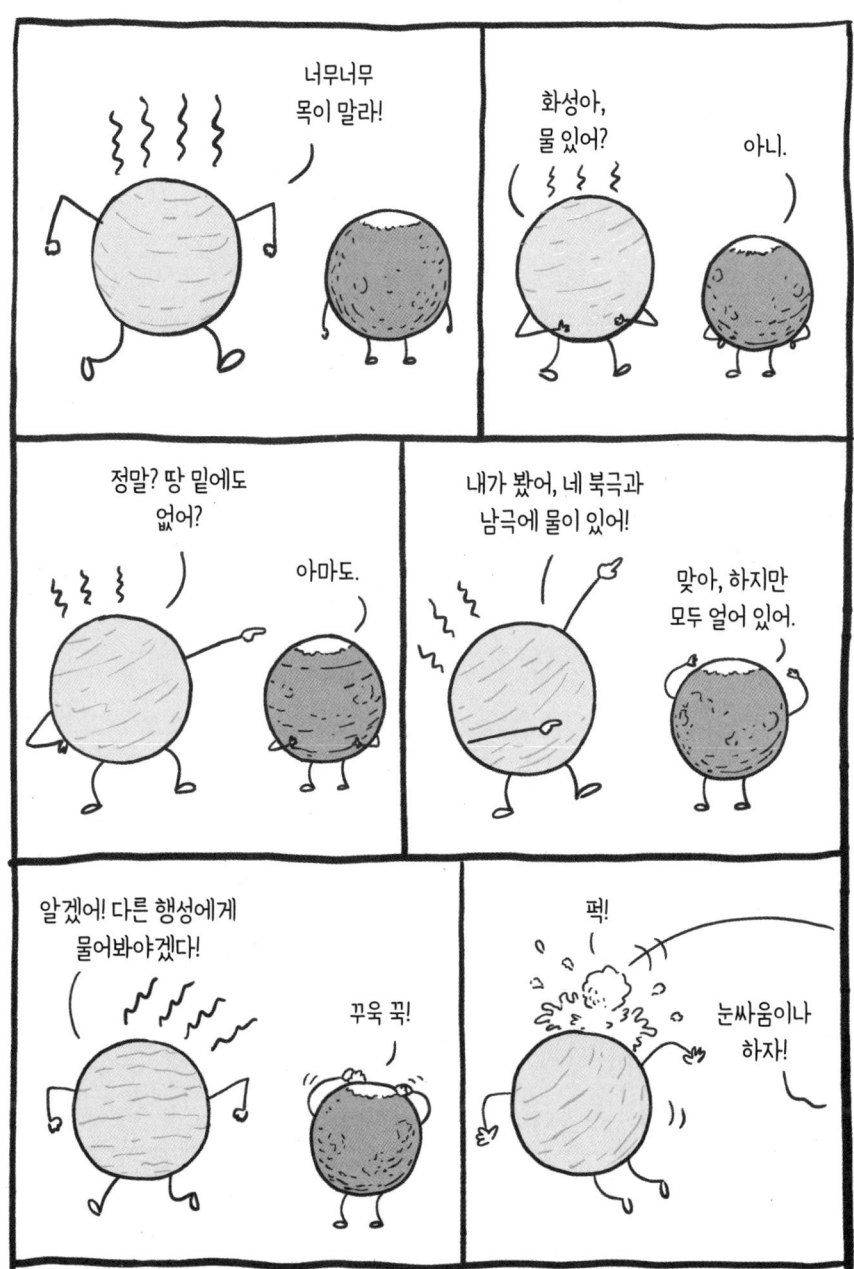

금성과 화성은 지구와 가까이에 위치한 행성이야.
표면이 대부분 암석으로 이루어져 있지.
다른 행성들은 대부분 가스와 얼음으로 이루어져 있어.
이런 생각을 한 적이 있어. 아무도 보는 사람이 없을 때
암석으로 이루어진 행성들이 함께 록 밴드를 만든다고 말이야.
내 말 이해했어? 암석은 영어로 'Rock'이니까 **록** 밴드가 딱이지.

이때쯤 우리 만화는 유명해지기 시작했어.
몇몇 아이들이 찾아와 진짜 잘 썼다고 칭찬도 해 줬어.

우리는 계속 만화를 그렸어. 이번에는 목성과 토성이었지.

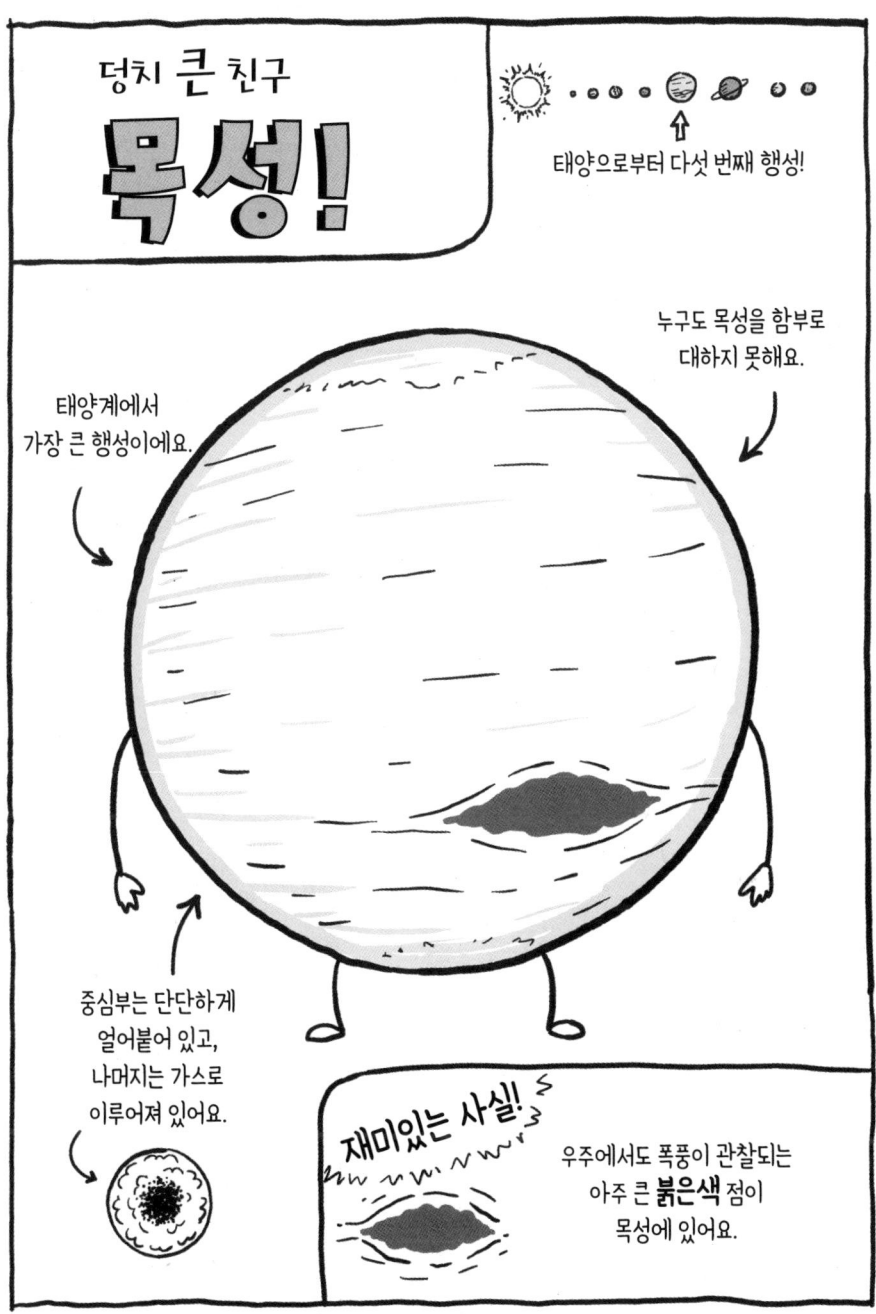

행성들이 얼마나 큰지를 설명하는 건 어려워. 태양계 행성을 가족사진 찍을 때처럼 줄 세워 본다면, 아래 그림처럼 보이겠지.

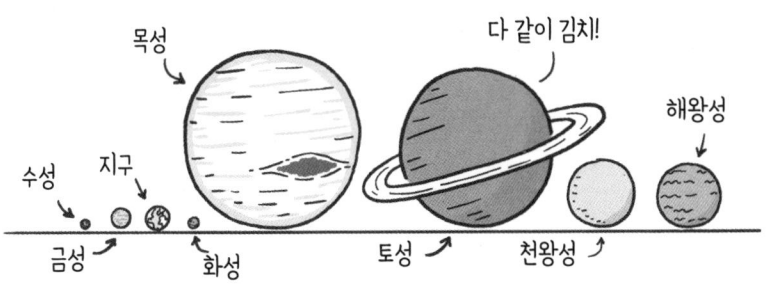

만화를 읽는 독자들은 점점 많아졌어.
우리가 목성과 토성에 관한 이야기를 마쳤을 때
심지어 우리를 모르는 아이들까지도 읽으러 올 정도였거든.

바로 그때 문제가 생기고 말았어.

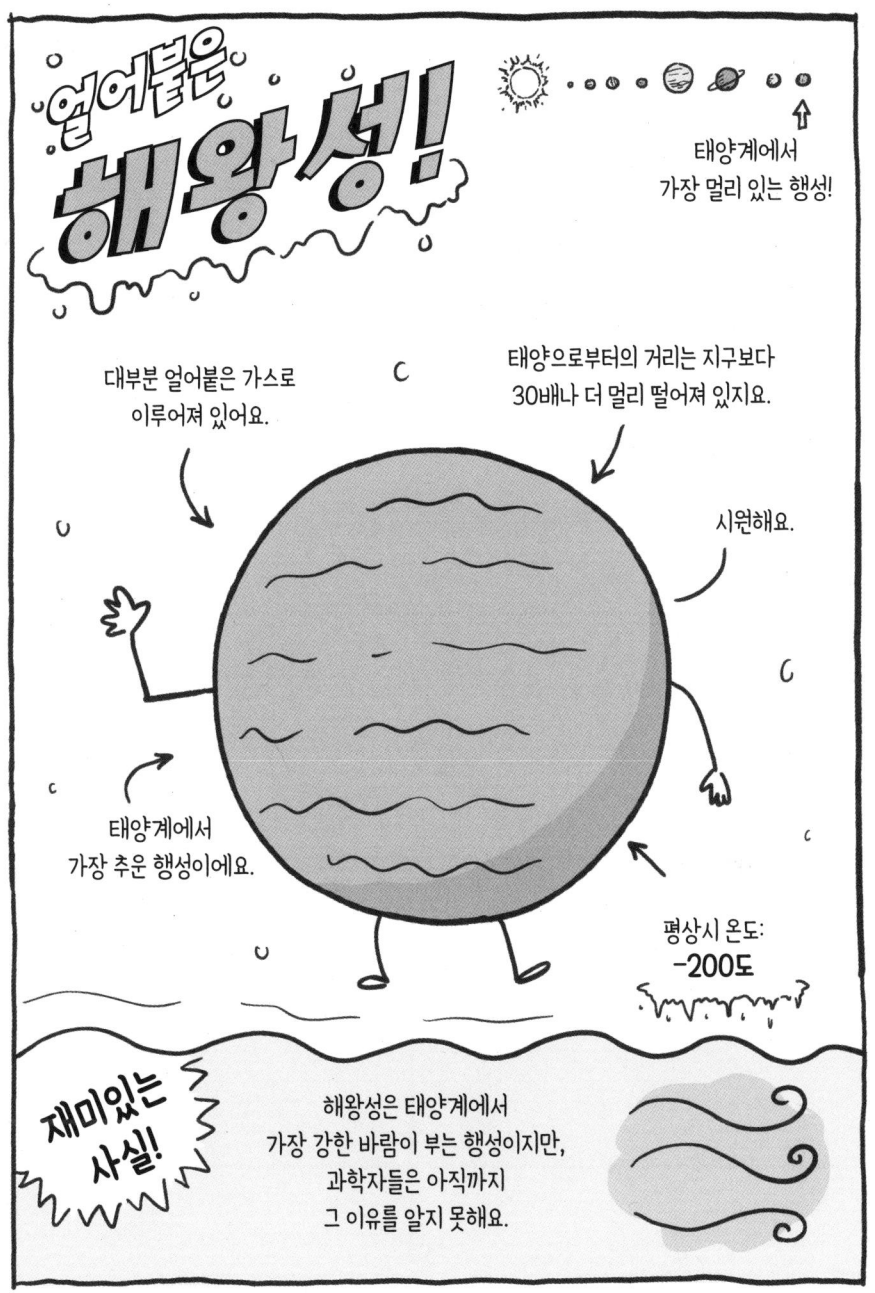

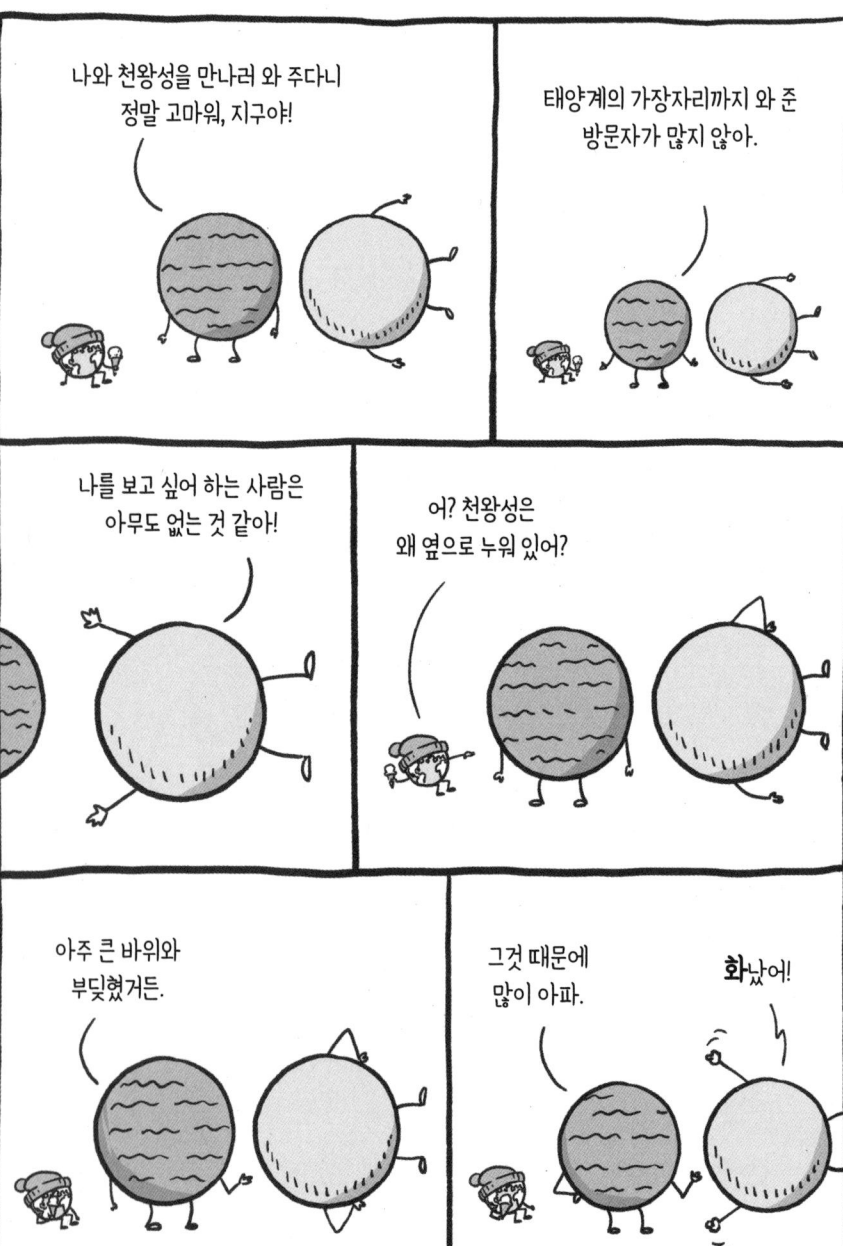

태양계에서
일곱 번째 행성!

- ☐ **천왕성은 크다!**
  태양계에서 세 번째로 큰 행성이에요.

- ☐ **천왕성은 춥다!**
  남극보다 추워요!

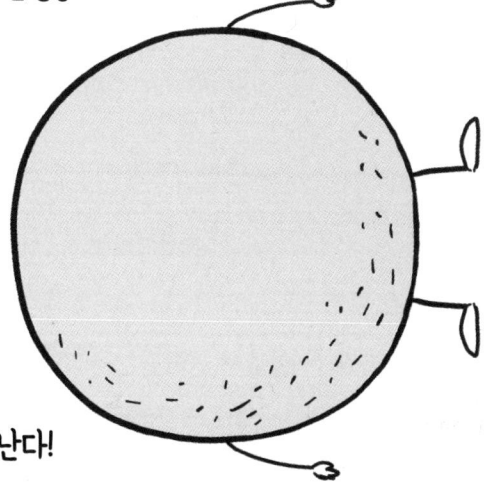

- ☐ **천왕성은 냄새가 난다!**
  방귀 냄새가 나는
  가스 구름이 있어요.

- ☐ **천왕성은 기울어져 있다!**
  옆으로 회전하고 있는 유일한 행성이에요.

천왕성과 해왕성은 태양계 가장자리에 있는 행성들이야.
이 행성들은 태양으로부터 멀리 떨어진 한적한 곳에 있어.
그래서 **궤도**(행성들이 태양 주위를 돌면서 그리는 길)가 **아주 크지.**

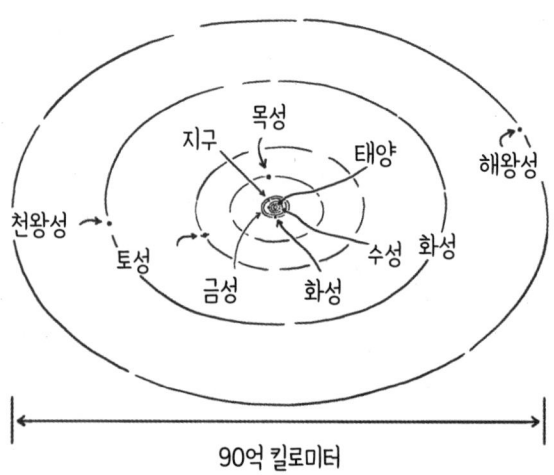

학생 식당에 있던 아이들은 이 만화를 **진짜로** 좋아하는 것 같았어.
점심시간에 우리 자리로 아이들이 모여들었어.
특히 마지막 두 페이지를 본 아이들은 웃음을 멈추지 못했어.
우리는 유명 인사가 되었에!

점심시간이 끝나고 에비와 나는 교실로 돌아오면서 매우 들떠 있었어.

교실로 돌아왔는데, **곤란한 일이** 생겼어.

교감 선생님이 교실로 들어와 나를 가리키셨어.

불려 가 본 적이 많아서 무슨 일이 벌어졌는지 바로 알 수 있었지.

에비도 교실 밖으로 불려 나왔어.

교감 선생님에게 무슨 일인지 여쭤보자,
교감 선생님은 학생 식당에서 만화를 그린 아이들을 찾고 있다고 하셨어.

학생 식당에서는 만화를 그리면 안 되는 걸까? 소란을 일으킨 건가?
그 순간 4학년 때 호세와 있었던 일들이 떠올랐어.

4학년 때 있었던 일이야.
뜻하지 않게 학교 화장실 변기에 샌드위치를 넣고
물을 내린 적이 있었어.

'뜻하지 않게'라고 말했지만 사실 샌드위치를 변기에 넣고 물을 내리면 무슨 일이 일어날지 궁금해서 일부러 한 짓이었어.
정말로 뜻하지 않은 일은 물을 내리고 난 뒤에 일어났지.
그 일은 학교 전설이 되었어.

안타깝게도, 그때 나와 함께 있었던 호세도 곤란해졌지.
호세의 할머니는 호세에게 나와 어울려 놀지 말라고 하셨어.
그 후 우리는 멀어졌어.

그날 중요한 것을 깨달았어.
때론 내가 일으킨 문제로 친구까지 곤란해질 수 있다는 걸 말이야.

그렇게 되면 아마 계속 친구로 지내지 못할 거야.
무엇인가를 변기에 넣고 물을 내리려면
먼저 작은 조각으로 잘게 잘라야 한다는 걸 잊지 마.

교감 선생님이 누가 만화를 그렸는지 물으셨을 때,
손을 들고 내가 그렸다고 했어. 그래서 에비는 곤경에 처하지 않았지.

교감 선생님은 내 말을 믿지 않으시는 듯했어.
그래서 내가 그렸다는 것을 증명할 만한 그림을 그려 보라고 하셨지.
나는 최선을 다해서 작은 토끼 한 마리를 그렸어.

여전히 내 말을 믿지 않으셨지만,
전부 내 잘못이라고 말씀드리자 교감 선생님은 에비를 교실로 돌려보냈어.
그리고는 나를 교장실로 데리고 가셨지.

새로 오신 라자고팔란 교장 선생님은 지난번 교장 선생님이었던
나로 박사님에게서 내 이야기를 많이 들었다고 하셨어.
나는 교장 선생님에게 침착하게 설명했어.

교장 선생님은 학생 식당에서 만화를 그려도 된다고 하셨어.
교장실로 나를 부르셨던 이유는 만화의 내용 때문이었어.

혼란스러웠어. 행성 이야기가 왜 나쁘다는 거지?

교장 선생님도 혼란스러운 것 같았어.
선생님은 내가 만화에 엉덩이를 그렸다고 들으셨대.

그때 나는 알게 되었어. 바로 천왕성 때문이라는 것을 말이야.
들어 봐, 어떤 사람들은 'Uranus(천왕성의 영어 이름)'라는 단어를 보고
'유얼 에이너스'라고 읽어. 그러면 '너의 항문'이라고 말하는 게 되지.

하지만 사실은 '유러너스'라고 읽어야 해.

열심히 설명했지만 교장 선생님은 여전히 의심스러워 하셨지.
선생님은 내가 엉덩이 만화를 숨기려고 그렇게 말하는 게 아닌지 의심했어.
결국 이 분야의 전문가를 증인으로 부르기로 했어.
전화기를 사용해도 괜찮은지 여쭤보고, 하워드 박사님에게 전화를 걸었어.

하워드 박사: 여보세요, 누구시죠?

나: 하워드 박사님, 진실만을 말할 것을 맹세합니까?

하워드 박사: 후유. 올리버인 줄 알았어야 했는데…….

나: 지금 교장실에 있어요. 그리고 박사님은 제 증인이에요.

하워드 박사: 내가 전화를 끊어도 계속 전화하겠지?

나: 그럼요. 받으실 때까지 계속 전화할 거예요.

하워드 박사: 알았다. 물어보고 싶은 게 뭐라고?

하워드 박사님에게 무슨 일인지 말씀드렸어.
박사님은 교장 선생님에게 천왕성에 관한 것이 맞다고 확인해 주셨지.

하워드 박사님은 천왕성이 실제로 옆으로 누워 있다고 하셨어.
박사님도 당연히 '유러너스'라고 발음하셨어.
다른 행성들은 태양 주위를 돌면서 팽이처럼 제자리에서 회전하지만,
천왕성은 미식축구 공처럼 옆으로 돌지.

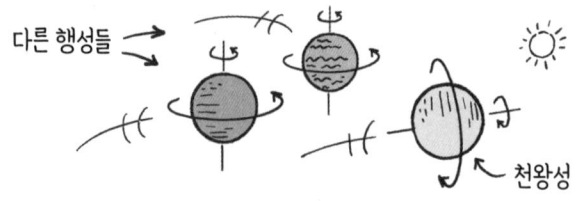

과학자들은 수십억 년 전에 거대한 소행성이 천왕성에 충돌해서 천왕성이 그렇게 돌게 된 거라고 생각해.

박사님은 옆으로 누워서 도는 천왕성의 하루는
정말 이상할 거라고 하셨어. 천왕성의 북극에 산다면,
하루가 **84년** 동안이나 지속될 거야!
박사님은 천왕성에 관해 알려 주는 강의를 하면 어떻겠냐고 제안하셨어.
그러자 교장 선생님은 박사님의 전화를 서둘러 끊으셨어.

라자고팔란 교장 선생님은 내가 쓴 과학 내용들이 모두 사실이니
만화를 계속 그려도 된다고 하셨어.
하지만 만화에 **천왕성**을 발음하는 법을 꼭 적으라고 하셨지.
더 이상 엉덩이에 관한 내용으로 착각하지 않도록 말이야.
나는 꼭 그렇게 **해야만** 하는지 물었어.

교장 선생님은 나를 교장실에서 쫓아내셨지.
교실로 돌아가 괜찮다고 말하자 에비는 정말로 기뻐했어.

에비는 나에게 모든 책임을 질 필요는 없다고 했어.
내 책의 상당 부분은 에비 덕분이야.
우리는 행성 만화를 하나 더 그리기로 했어. 이게 바로 그 만화야.

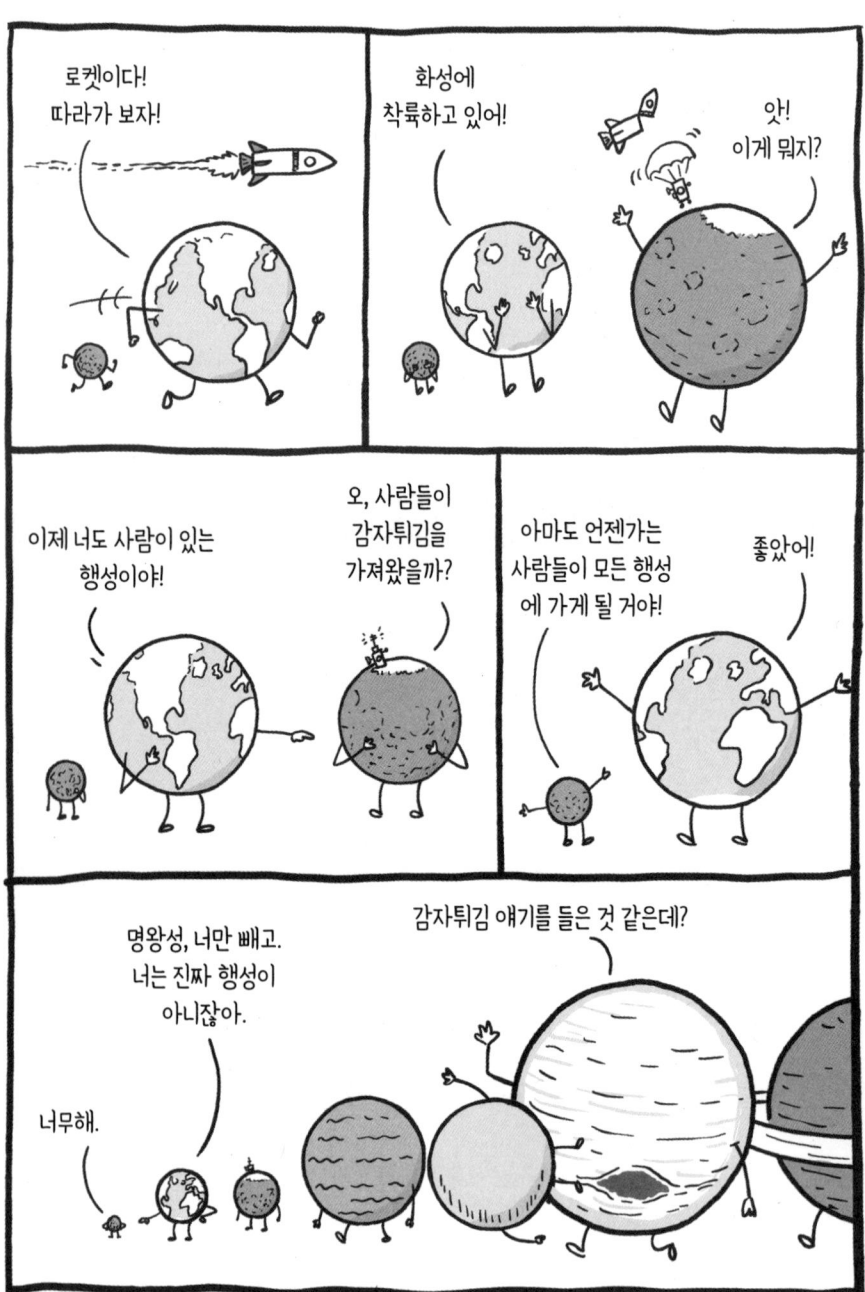

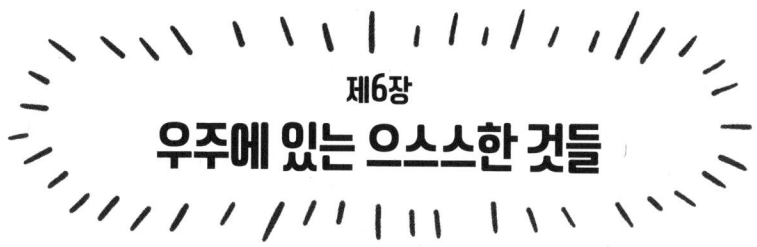

제6장
우주에 있는 으스스한 것들

무언가 **으스스한** 일이 일어나고 있어.

집에 혼자 있는데 무서워 죽겠어. 방금 위층에서 소리가 들렸거든.
유령인 거 같아. 게다가 오늘은 한 해 중 가장 무서운 핼러윈이야.

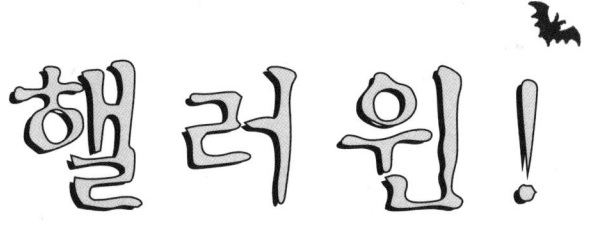

핼러윈 아침은 나쁘지 않았어. 올해 핼러윈은 금요일이고
핼러윈 의상을 입고 등교했지.
에비는 가장 좋아하는 일본 애니메이션 캐릭터 의상을 입고 왔어.

처음 보는 캐릭터였는데, 아이들은 많이 아는 것 같았어.
에비는 엄청 유명해졌어.

에비는 정말로 공들여 의상을 준비한 것 같았어.
어제서야 오늘 핼러윈 의상을 입고 가야 한다는 사실을 깨달은 나는 얼른 방법을 찾아야 했지. 마침 훌륭한 아이디어가 떠올랐어.
지난해에 입었던 닌자 옷에 베개와 쿠션을 몇 개 채워 넣었어.

아무도 내가 입은 게 무엇인지 알지 못했어. 바로 블랙홀이야.
블랙홀은 물체들을 빨아들이고 영원히 가두잖아.

우주에서 온 신비로운 블랙홀보다 더 무서운 것이 있을까? 하지만 하루 종일 이상한 소리를 들어야만 했지.

사람들에게 우주의 놀라운 것들에 대해 더 많이 알려야겠다고 느꼈지.
그래서 사탕을 얻으러 가는 대신 집에서 책을 쓰겠다고 했어.
에비는 실망했지.

사탕을 좋아하지 않는 척했어.
나중에 엄마가 왜 사탕 얻으러 가지 않았냐고 물었을 때도 그런 것을 하기에는 너무 컸다고 말했지.

솔직히 말하면, 나는 사탕을 너무너무 좋아해.
달콤하고 맛있는 사탕을 싫어하는 아이는 없을 거야.
나이가 들어도 이웃들이 공짜로 주는 사탕을 가득 얻는 건 행복할 거야.

하지만 사탕을 얻으러 가는 길은 무서워.
이웃들이 핼러윈 장식을 하는 데 온 정성을 쏟아서 정말 으스스하거든.
작년에도 살짝 두려워하며 사탕을 얻으려고 이웃집 문 앞에 서 있는데 늑대 인간 이웃이 밖으로 뛰어나왔지 뭐야.

그래서 올해는 그냥 집에서 나가지 않고 책만 쓸까 해.
걱정하지 마. 사탕을 얻을 다른 계획이 있어.
동생에게 사탕 하나당 25센트씩 주겠다고 말했거든.
소파에 갇혔을 때 동생에게 주기로 한 돈도 아직 못 갚고 있지만.

동생의 마음을 움직여 보려고 노력했어.
엄마가 빨래해 놓은 옷을 동생 대신 개어 주겠다고 했어.
원래 동생이 해야 하는 집안일이거든. 동생은 거래를 받아들였어.

대신 동생은 얻어 온 사탕의 4분의 1을 주기로 했지.
달콤한 거래라고 생각했을 거야. 무슨 뜻인지 알지?

하지만 무섭지 않은 핼러윈을 보내려던 계획은 뜻대로 되지 않았어.
부모님이 동생을 데려다 주려고 나가셨기 때문에 집에 나 혼자 있었거든.
그런데 지금 우리 집에 유령이 있는 게 분명해.

맞아. 곧 **유령들이** 나타날 거야.

부모님과 동생이 떠난 뒤에 타자를 치려고 소파에 앉았지.
그때 집 안에 나 혼자 있는 게 아니라는 생각이 들었어.

평소에도 우리 집이 저주 받았다고 느낀 적이 있어. 동생과 함께 보드게임을 하고 있었을 때 이상한 일이 일어났거든.
글쎄, 동생에게 유리한 상황이 **다섯 번이나 연이어** 일어났지 뭐야.
그런 일은 절대 우연히 일어나지 않아.

온 집 안을 뒤져도 역사 수업 과제물을 찾을 수 없을 때도 있었어.
나중에 책가방에서 찾긴 했지만······.
유령이 거기에 놓아둔 것이라고 장담할 수 있어.

하워드 박사님의 도움을 받기 위해 영상 회의를 하기로 했어.
우주를 공부하는 사람은 분명 유령에 대해 알 거야.
유령은 우주의 일부분이거든.

영상 통화는 이랬어.

"하워드 박사님, 도와주세요! 우리 집에 유령이 있어요!"

"안녕, 올리버. 지금 핼러윈 장난이라도 치는 거니?"

"아뇨, 진짜예요! 집에 혼자 있는데 유령이 있는 것 같아요."

"흥미롭구나."

보통 하워드 박사님이 "흥미롭구나."라고 말하실 때는 전혀 들어 본 적 없는 질문을 받았을 때야. 지금까지 박사님에게 유령에 관해서 물어본 사람이 없었나 봐.

"지금 혼자 있다는 거지? 어둡고, 볼 수는 없지만 뭔가 있다는 걸 느낄 수 있고."

"네!"

"흐음. 그건 유령이 아닌 것 같구나."

"정말요? 후유!"
"**유령 입자**일 수도 있어."

박사님은 **중성 미자(뉴트리노)**라는 물질이 우주에 있다고 하셨어.
중성 미자는 정전기를 띠지 않고 질량이 거의 없는 입자래.
나도 알아. 뉴트리노라는 이름이 바사바삭한 과자나
냉동 미니 핫도그의 상표처럼 들린다는 것을.
박사님은 그것들이 실제로 존재하고 유령과 상당히 비슷하다고 하셨어.

아주아주 작은 그런 물질들이 있다고 상상해 봐.
그런데 우린 볼 수도 없고 거의 느낄 수도 없어.

하워드 박사님은 중성 미자가 바로 그렇다고 하셨어. 중성 미자는 우리가 느끼는 힘에 영향을 받지 않거든.
원자에 달라붙거나 밀어내지 않아. 우리가 알고 있는 방식으로는 말이지.
그리고 빛이 반사되어 나오지도 않아.
중성 미자는 일반적으로 오직 **약력**이라고 불리는 힘에만 반응해.
이름에서 짐작할 수 있듯이, 약력은 아주 약한 힘이야.

그래서 중성 미자는 마치 유령처럼 너를 통과해서 지나갈 수 있어.

박사님은 수십억 개의 중성 미자가 태양의 중심에서 만들어진다고 하셨어.
중성 미자는 그냥 지구를 통과해서 똑바로 날아가지.
마치 아무것도 아닌 것처럼 말이야.

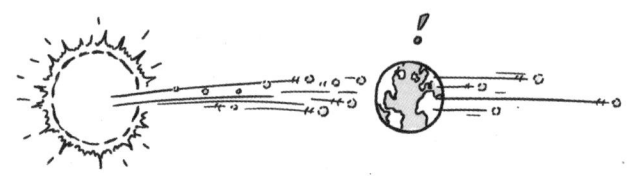

박사님에게 우리 집에 있는 유령이 혹시 중성 미자일 수도 있는지
물어보았어. 박사님은 "아마도."라고 대답하셨지.

중성 미자는 약력에 영향을 받기 때문에,
많은 양의 중성 미자가 너를 통과해서 지나가면 알 수도 있어.
가끔 아주 작은 중성 미자 하나가 약력을 사용하는 너의 원자들 가운데
하나와 부딪힐 수도 있지. 그러면 너도 느낄 수 있을 거야.

박사님은 내게 가만히 앉아서 어떤 것이든 느껴 보라고 하셨어.

"여전히 앉아 있니?"

"네."

"무엇인가 느낄 수 있니?"

"네, 제 엉덩이가 가려워요."

"중성 미자 때문은 아닌 것 같구나."

"잠깐만요, 엉덩이 좀 긁을게요. 아, 이제 됐어요. 이제 가만히 앉아 중성 미자를 느낄 준비가 되었어요."

잠시 뒤, 박사님에게 아무것도 느끼지 못했다고 말했어.

"흠, 그러면 유령은 중성 미자가 아닌 거 같구나."

"후유, 다행이다!"

"하지만 **암흑 물질**일 수도 있어."

박사님은 우주에 **암흑 물질**이라는 **또 다른** 으스스한 것이
있다고 하셨어. 암흑 물질은 정말 엄청나고 신비로운 것이래.
중성 미자와 마찬가지로 암흑 물질 역시 빛이 반사되지 않기 때문에
우리 눈에 보이지 않고 만질 수도 없어.
우리가 알고 있는 물건을 밀거나 당기는 힘에는 반응하지 않아.

암흑 물질은 약력에도 영향을 받지 않기 때문에 느낄 수도 없어.
암흑 물질이 몸을 통과해서 지나가더라도 우리는 알 수 없다는 뜻이야.

네가 지금 무슨 생각하는지 알아. 볼 수도 만질수도 없다면,
그것이 존재한다는 것을 어떻게 알 수 있는지 궁금하겠지?

하워드 박사님은 암흑 물질이 반응하는 게 한 가지 있다고 하셨어.
바로 중력이야. 중력은 물체들을 끌어당기는 힘이야.
네가 위로 뛰어오르거나 발을 헛디뎠을 때 바닥에 떨어지게 만들지.
바닥에 떨어질 때, 사실 지구가 끌어당기는 거야. 바로 중력 때문이지.

과학자들은 은하를 관찰해서 암흑 물질이 어디에 있는지 알 수 있어.
암흑 물질은 중력에 영향을 받기 때문에 은하가 많이 모여 있다면,
이들을 잡아당기는 보이지 않는 암흑 물질이 있는 게 틀림없어.

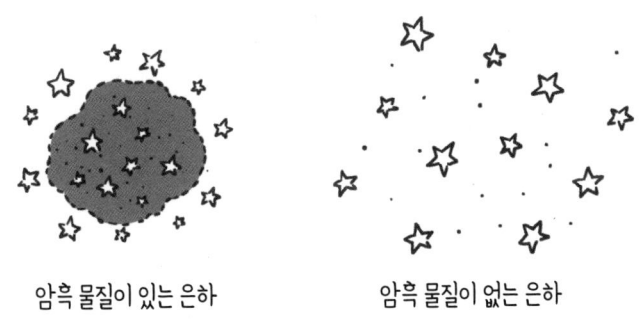

그건 말이지, 누군가 새로운 게임기나 장난감을 가져왔을 때
아이들이 모여드는 것과 비슷해.
수업이 시작하기 전에 무리를 이룬 아이들을 봤다면
분명히 거기에 재미있는 게 있을 거야.

하워드 박사님에게 우리 집에 있는 유령이 암흑 물질인지 물었어.
박사님은 "아마도."라고 대답하셨지.

"너희 집에서 중력이 다르게 느껴지니?"

"좀 더 무겁게 느껴져요."

"그래?"

"네, 아마 저녁으로 페퍼로니 피자 한 판을 먹어서 그런 듯해요."

"내가 말하는 건 그런 게 아니야."

"너무 많이 먹어서 내일 화장실에서 암흑 물질을 많이 만들어 낼 것 같아요. 무슨 뜻인지 아실지 모르겠지만."

"별로 궁금하지 않았지만, 알 것 같구나."

방 안을 둘러보았는데, 중력이 다르다고 느낄 만한 부분은 없었어.
박사님에게 아무것도 서로 모이지 않고, 아주 무거워 보이거나
위로 떠다니는 것도 없다고 말했어.
진짜 그런 일이 일어나면 꽤나 으스스할 거야.

"흠……. 그렇다면 아마 암흑 물질이 아닌 것 같구나."

"후유!"

"그건 **암흑 에너지**일 수도 있어."

암흑 물질보다 **더** 으스스한 것이 있다고?
하워드 박사님은 우주에서 최고로 으스스한 건 암흑 에너지라고 하셨어.
암흑 에너지는 물질도 아니고 보이지 않는 순수한 에너지일 뿐이지.
게다가 너무나 강력해서 우주를 **폭발시키고** 있어.

기억나? 우주가 폭발과 함께 시작되었고 지금도 폭발하고 있다고 했잖아.
그 폭발이 계속되는 건 바로 암흑 에너지 때문이야.
모든 것을 분열시키는 보이지 않는 에너지 말이야.
과학자들도 그 에너지가 무엇인지, 무엇이 그 에너지를 만들어 내는지
전혀 알지 못한대. 그래서 암흑 에너지라는 신비스러운 이름을 붙였지.

'이상한 에너지'나
'분열시키는 에너지'는
어때요?

그 이름들도
괜찮구나.

암흑 에너지는 모든 것을 밀어내는 게 아니라 우주를 더 크게 만들어.
점점 더 공간을 늘리는 거지. 우주가 부풀어 오르는 풍선이라면
암흑 에너지는 풍선을 커지게 만드는 펌프와 같아.

박사님에게 우주에 으스스한 것들이 그렇게 많은지 몰랐다고 했어.
그러자 박사님은 으스스하지만 두려워할 필요는 없다고 하셨어.
암흑 물질이 없다면 은하들이 모두 하나로 모이지 못했고 우리은하도
만들어지지 않았겠지.
그랬다면 우리도 여기에 이렇게 존재하지 못했을 거야!

또 암흑 에너지가 없었다면 우주는 폭발을 멈추었을 거고,
중력이 모든 것을 끌어당겨 우주는 다시 아주아주 작은 점이 되었을 거야.
그러면 우리도 모두 찌그러질 테니 아주 곤란할 테지.

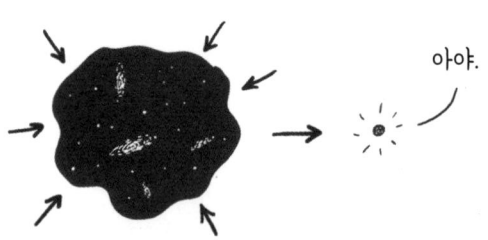

중성 미자도 우리에게 도움이 돼. 별의 내부에서 만들어지기 때문에
태양이 어떻게 작동하는지 많은 것을 알려 줄 수 있거든.
별들이 폭발할 때도 중성 미자가 많이 만들어지기 때문에
언제, 얼마나 크게 폭발이 일어났는지 알려 줘.

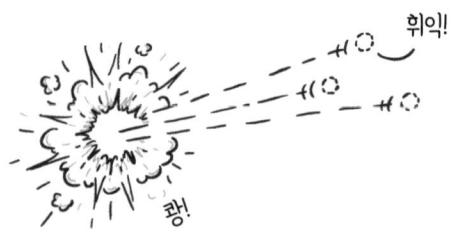

그러고 보니 우주의 으스스한 것들이 꽤 멋진 거 같아.
그런데 여전히 하워드 박사님에게 질문할 게 남았지.

"진짜 우리 집에 있는 유령은 무엇일까요?"

"……."

"여보세요?"

영상 통화가 끊어졌을 때였어. 갑자기 위층에서 큰 소리가 들렸지.

중성 미자인지, 암흑 물질인지, 암흑 에너지인지 알 수 없었지만 우리 집에 무엇인가 있고, 심지어 움직이고 있었어.

2층에서 1층으로 내려오는 발소리가 들렸어.

계단을 다 내려왔어! 으아아아아! 이게 내 마지막 글이 된다면
내 동생에게 말해 줘, 내게 주기로 한 사탕을 나와 함께 묻어 달라고.

발소리가 점점 가까워지고 있어! 바로 내 뒤까지 온 것 같아!

그건…….

그건…….

우리 아빠였어.

아빠는 위층에서 낮잠을 자고 있었대.

내가 느꼈던 것은 암흑 물질이나 암흑 에너지가 아니었던 거야.

그건 그냥 우리 아빠였어.

하워드 박사님에게 다시 전화를 걸어 무슨 일이 있었는지 말했어.
박사님은 내가 진짜 집에 혼자 있다고 생각하지 않으셨대.
우리 아빠와 내가 서로를 유령이라고 생각한 것을 재미있어 하셨어.
그러면서 우주도 마찬가지로 재밌다고 하셨지.
우주에는 암흑 물질과 암흑 에너지 같은 으스스한 것들이 많아.
우리가 아는 일반적인 물질보다 더 많지.
우주가 케이크였다면, 아래 그림과 같이 나눌 수 있어.

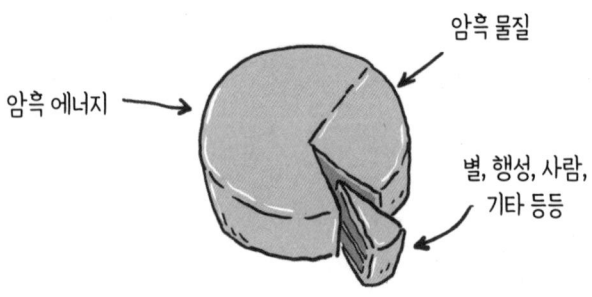

케이크의 약 4분의 1은 암흑 물질이고 3분의 2는 암흑 에너지야.

우주의 약 95퍼센트가 눈에 보이지 않는 으스스한 것들이라는 뜻이야.
약 5퍼센트 정도 되는 케이크 작은 한 조각이
우주에 있는 별, 은하, 행성 그리고 사람이야.
어쩌면 우주에서는 우리가 이상하고 으스스한 것들일지도 몰라.

하워드 박사님과 전화를 끊은 뒤, 누가 집으로 찾아왔어.
바로 에비와 스벤이었지.

여전히 무서워서 사탕을 얻으러 가야 할지 고민이 되었어.
하지만 용기를 내 보기로 결심했어. 아무리 으스스한 우주라고 해도
친구들과 함께라면 덜 으스스할 것 같았거든.

사람들은 여전히 내 의상을 제대로 몰랐지만.

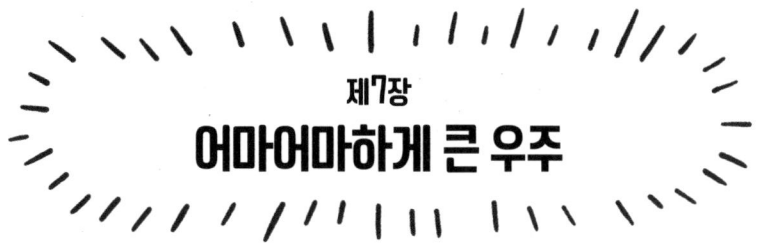

제7장
어마어마하게 큰 우주

일이 잘못되어 큰 재앙이 된 적이 있니? 얼마 전 미술 시간에 그런 일이 일어났어. 그냥 큰 정도가 아니라 **우주만 한 크기**의 재앙이었어.

그림에 소질이 없으니 나쁜 일이 생길 수 있다는 걸 짐작했어야 했는데……. 오해는 하지 마. 그림을 엄청 못 그리는 건 아니야.
용과 영웅이 등장하는 멋진 우주 전쟁 장면을 그릴 정도는 돼.
막대 인간 영웅과 코가 긴 고양이 용만 신경쓰지 않으면 꽤 괜찮은 그림이라고 말할 수 있어.

어릴 때는 그림을 많이 그렸던 것 같아.
한번은 내가 지워지지 않는 펜으로 집 안 곳곳에 그림을 그려 놨대.
집 안 곳곳 아기였던 내 동생과 동생의 옷도 포함해서였지.

무엇을 그렸는지 기억하진 못하지만, 분명히 잘 그렸을 거야.
엄마 아빠 눈에는 낙서로 보였겠지만.

이 일이 있은 뒤로는 집 안 어디에도 펜을 찾기 어려웠어. 지금까지도 내 그림이 막대 인간 수준을 넘지 못하는 것은 우리 부모님 때문이야.

미술 수업을 듣게 된 건 순전히 에비 때문이었어.
에비는 나와 미술 수업을 들으면 재미있을 거라고 생각했나 봐.
그래서 에비, 스벤과 함께 미술 수업을 신청했지.
놀라운 사실은 그 수업이 그림을 그리는 수업이 아니었다는 거야.

미술 수업을 하시는 스완 선생님은 그림뿐만 아니라 무엇이든 예술이 될 수 있다고 하셨어.

예술에는 정해진 규칙이 없다고도 하셨어.
나는 선생님에게 그 말이 수업 시간에 그냥 낮잠을 자거나
비디오 게임을 해도 된다는 의미인지 여쭤보았어.

선생님은 찰흙을 가지고 만들고 싶은 조형물을 만들어 보자고 하셨지.
우리가 원하는 어떤 조형물이든 만들 수 있다고 하셨어.
선생님이 가져오신 손수레에는 찰흙이 엄청 많이 담겨 있었거든.
아이들은 흥미를 느꼈어. 진정한 예술가라고 할 수 있는 마테오는
가장 좋아하는 오페라의 한 장면을 만들겠다고 했어.
베르디라고 불리는 사람의 오페라라고 했지. 아무도 놀라지 않았어.

에비는 반려동물인 햄스터 '씨기'를 만들겠다고 했어. 에비에게 그건 정말 만들기 쉬울 거라고 했지.
씨기는 앉아서 하루 종일 자고 있는 작은 털 뭉치처럼 보였으니까.
에비는 내 말을 재미있어 하지 않았어.

심지어 스벤도 자신이 무엇을 만들지 정했더라고.
테니스 치는 것을 좋아해서 테니스 라켓을 만들겠다고 결정했지.
나? 나는 무엇을 만들어야 할지 전혀 몰랐어.
뭘 만들어야 하는지 묻자, 선생님은 스스로 생각해 봐야 한다고 하셨어.
나에게 영감을 주는 것이 무엇인지 말이야.

좋은 아이디어가 떠올랐지. 바로 우주 조형물을 만드는 거야.
우주에 관한 책을 쓰고 있어서 눈 감고도 우주 조형물을 만들 수 있다고
확신했어. 게다가 우주처럼 끝내주는 걸 만드는 사람은 없을 테니
독창성에서 좋은 점수를 받을 수 있을 것 같았어.

불행히도 그게 바로 우주만 한 재앙의 시작이었지.

우선 우주 조형물을 만들기 위해 찰흙을 가져와야 했어.
그러려면 찰흙이 **얼마나** 필요한지 알아야 했지.
그래서 우주가 얼마나 **큰지** 생각하게 되었어.

예전에 여쭤봤을 때, 박사님은 우주가 얼마나 큰지 내 책에서 다루면
정말 좋을 거라고 하셨어. 우주가 얼마나 큰지 아는 게 아이들에게
정말 도움이 될 거라고 하셨지.
어떠한 맥락에 대해서 관점을 세울 수 있을 뿐만 아니라…….
이어서 어려운 말을 하셨는데, 집중력이 떨어졌는지 기억이 나질 않네.

하지만 박사님이 그 다음에 하신 말은 대부분 기억하고 있어.
'버질리언(엄청나게 많은 수라는 의미의 속어)'이라는 단어를 좋아하거든.
우주의 크기를 이야기할 때는 그 단어를 많이 사용할 수 밖에 없어.
우주는 **정말로 크거든.**

지구가 얼마나 큰지 이야기해 보자.
지구는 지름이 약 13,000(1만 3천)킬로미터야.
아주 큰 것 같지만, 태양과 비교하면 아주 작아.
태양의 지름은 1,400,000(140만)킬로미터나 되거든.
나란히 그리면 이럴 거야.

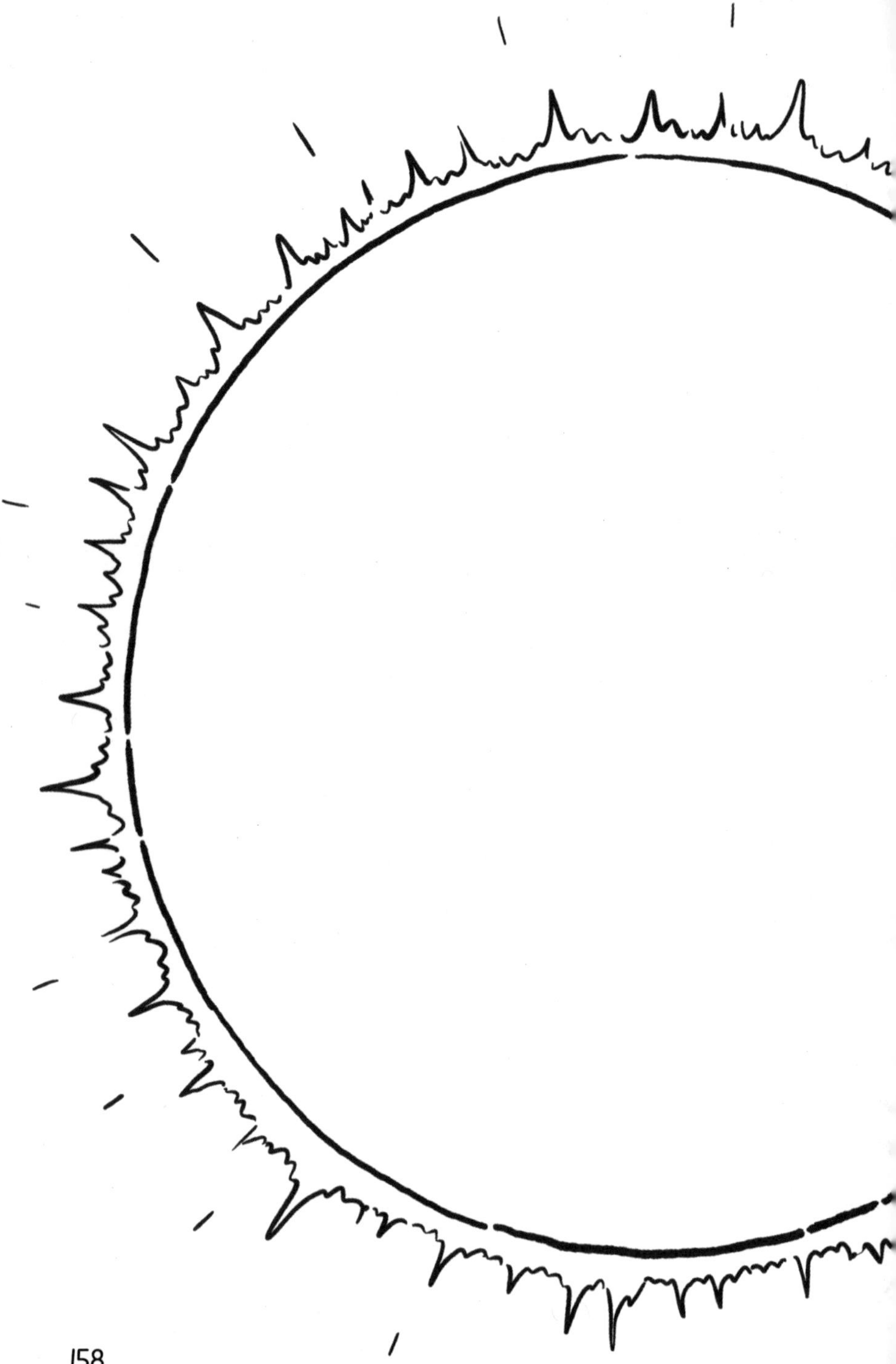

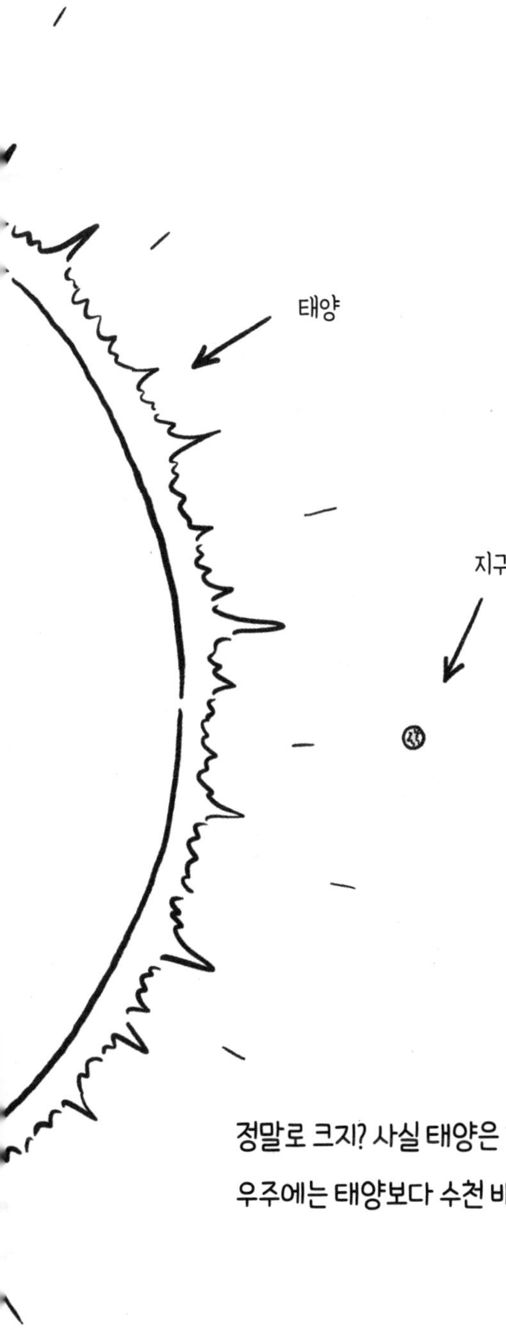

태양 ←

지구 ←

정말로 크지? 사실 태양은 가장 큰 별도 아니야.
우주에는 태양보다 수천 배나 큰 별들이 있거든.

방패자리 UY라고 불리는 별이 있어.
그 별은 지름이 2,300,000,000(23억)킬로미터나 되지.
그 별이 태양 옆에 있다면 이렇게 보일 거야.

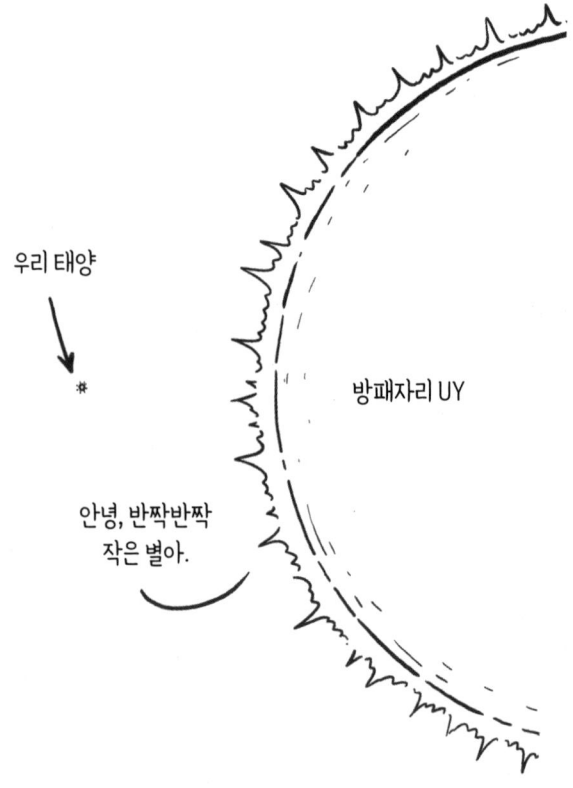

나도 알아. 방패자리 UY라는 이름은 마치 만화 영화 제목처럼 들리지.
하지만 내가 그렇게 큰 별에게 이름이 이상하다고 말할 순 없어.
네가 그 별 옆에 서 있으면 어떻게 보일지 상상할 수 있겠어?
방패자리 UY가 너에게 옆으로 자리를 비켜 달라고 한다면
넌 아주아주 많이 움직여야 할 거야.

하워드 박사님은 어느 순간부터 우주에 있는 것들의 크기를 나타내는 숫자가 터무니없어 보이기 시작했다고 하셨어.
태양은 별들로 가득 찬 소용돌이 은하인 우리은하에 자리 잡고 있어.
우리은하의 지름은 약 100경 킬로미터나 되지. 아래 그림을 봐.
숫자 0이 너무 많아서 읽다 보면 눈이 점점 흐릿해질 거야.

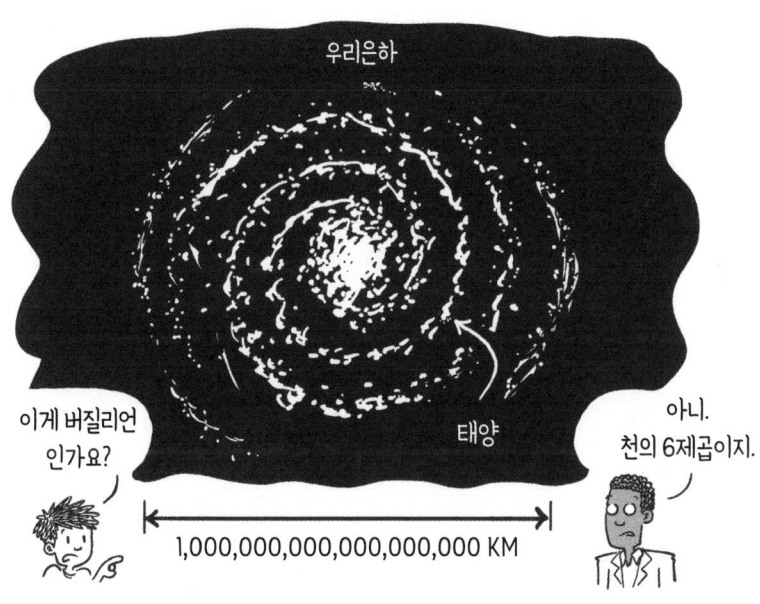

빛이 우리은하의 한쪽 끝에서 다른 쪽 끝까지 가는데
10만 년이나 걸린다고 해. 우주에서 가장 빠른 빛이 10만 년이나
걸리는 걸 보면 우리은하가 정말정말 크다는 걸 알 수 있지.
빛은 1초 안에 지구를 7바퀴 반이나 돌 수 있을 정도로 빠르거든.
상상해 봐. 빛이 은하의 이쪽 끝에서 저쪽 끝까지 10만 년 동안
빠르게 달리는 모습을 말이야.
우리은하가 얼마나 큰지 알 수 있겠지?

하워드 박사님은 '우리은하'가 거대한 라니아케아 초은하단에
속해 있는 하나의 은하에 불과하다고 하셨어.
이 초은하단은 약 10만 개의 은하들로 이루어져 있지.
지름이 약 5,000,000,000,000,000,000,000킬로미터라고 해.

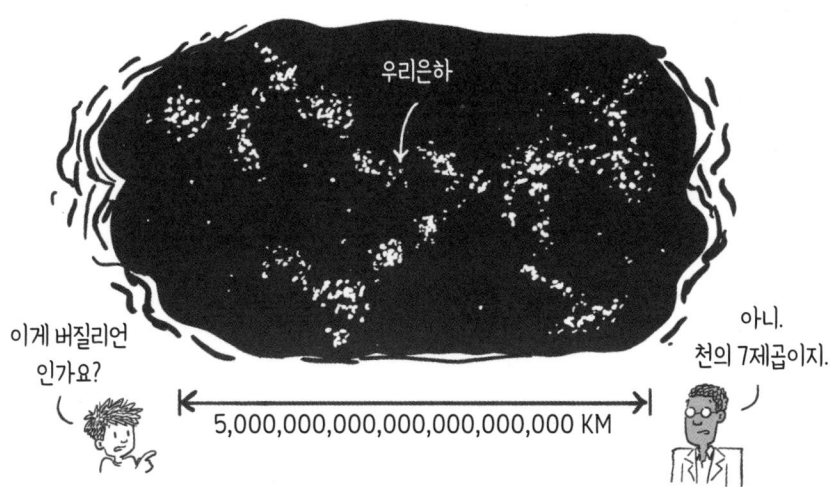

내 머릿속은 빙글빙글 돌았어.

우리는 지구의 크기에 비하면 아주 작은 존재야.

지구는 태양보다 아주아주 작지. 태양은 우리은하보다 아주아주아주 작지.

우리은하는 라니아케아 초은하단보다 완전 엄청나게 작지.

거기까지가 우주의 끝일까? 아니야.

우주에 라니아케아 초은하단과 같은 초은하단이
천만 개 정도 된대. 그 말은 은하가 2조 개 이상 있다는 말이래.
박사님에게 우주가 도대체 얼마나 큰 거냐고 물었어.
우리가 관측할 수 있는 범위에서 우주의 지름은
900,000,000,000,000,000,000,000킬로미터라고 답해 주셨어.

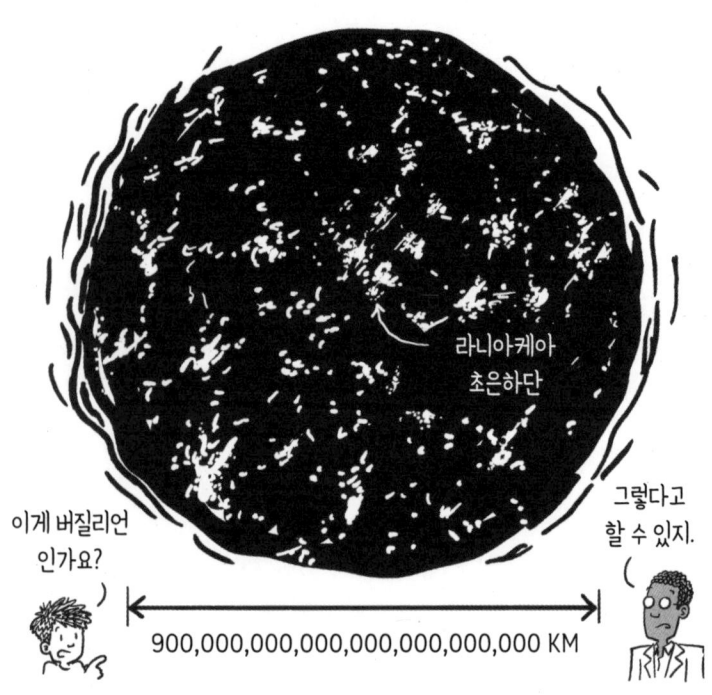

우주
(우리가 관측할 수 있는 범위에서)

라니아케아 초은하단

이게 버질리언인가요?

그렇다고 할 수 있지.

900,000,000,000,000,000,000,000 KM

우주 조형물을 만들려면 **아주 많은** 찰흙이 필요했어.
엄청 크게 만들어야 했지. 그래서 스완 선생님에게 찰흙을 더 받아 왔어.

내 탁자 위에 찰흙을 올려 뒀어. 좀 많아 보였지.
슬쩍 에비를 보았는데, 작은 햄스터를 만드는 게 더 나을 것 같았어.

'우리가 관측할 수 있는 범위'라는 말을 떠올려 봐. 우주가 더 클 수도 있다는 뜻이야.

박사님에게 왜 우주 전체를 볼 수 없는지 묻자,
우주가 엄청나게 크기 때문이라고 하셨지.
빛이 아직 우리에게 닿지 않을 만큼 멀리 떨어진 곳도 있다는 거야.

우리가 눈과 망원경으로 볼 수 있는 우주는 극히 일부분이기 때문에
우리 주변에 있는 것들을 **관측 가능한 우주**라고 부르지.
마치 한밤에 아주 작은 손전등 하나만 들고 들판에 서 있는 것과 같아.
손전등으로는 오직 가까이에 있는 것만 볼 수 있지.
커다란 비눗방울 안에 있는 것과 같아서
그 안에서는 실제로 들판이 얼마나 큰지 전혀 알 수 없어.

엄청나게 큰 들판일 수도 있고, 빛으로 만들어진 비눗방울 모양 바깥이 바로 들판의 끝일 수도 있지. 마찬가지로 우리가 관찰할 수 있는 범위인 지름이 900,000,000,000,000,000,000,000킬로미터인 우주일 수도 있고, 그보다 훨씬 더 큰 우주일 수도 있어.

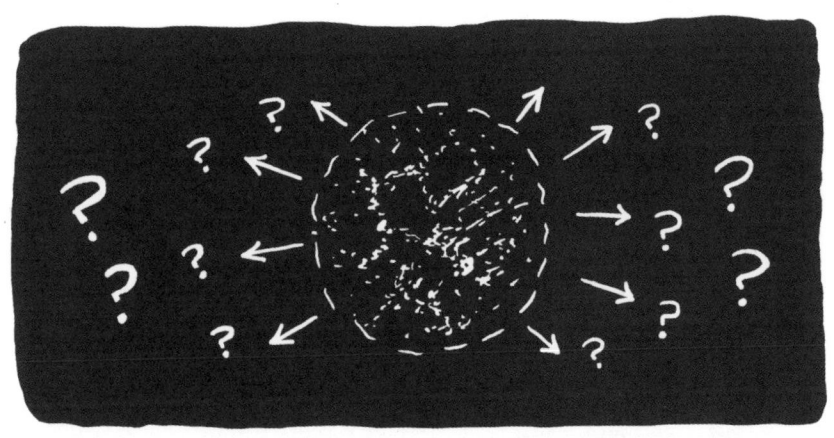

혹시 몰라서 찰흙을 더 가져 오기로 했어. 스완 선생님이 교실에 안 계셔서 스스로 해결하기로 했지. 선생님이 계셨더라면 우주 조형물이 과학적으로 더 정확한 모양이 됐을 거야.
나는 찰흙이 담긴 손수레를 내 탁자 옆으로 끌고 왔어.

에비가 걱정스럽게 보았지만,

우주가 얼마나 큰지 알면 이건 아무것도 아니라는 걸 알 수 있을 거야.

하워드 박사님은 우주가 실제로 **무한**할 수도 있다고 하셨지.

우주가 **영원히** 모든 방향으로 커지고 있다는 뜻이야.

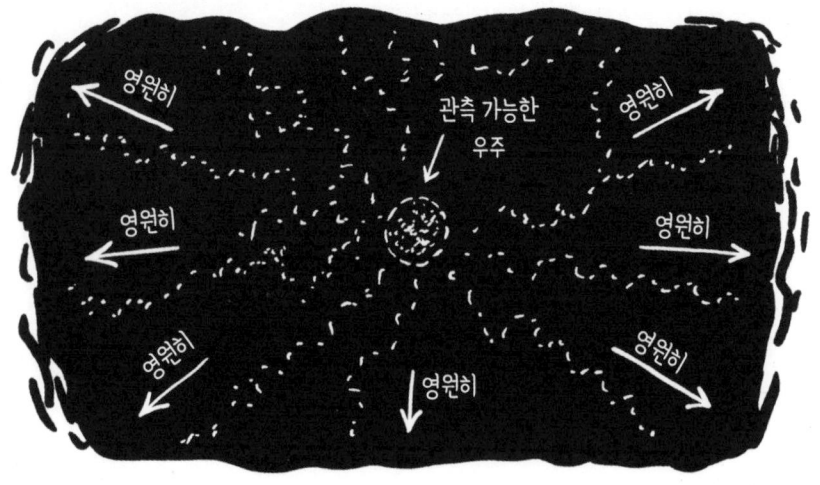

그렇다면 정말 놀라운 일일 거야. 우주가 영원히 계속된다는 건
별과 행성의 수가 무한하다는 뜻이니까.
무한히 많은 행성 중 생명체가 살고 있는 행성이 있을 수도 있지.
저 머나먼 우주에는 **외계인**이 수없이 많이 존재할 수도 있다는 말이야.

하워드 박사님은 우주가 **유한**할 가능성도 있다고 하셨어.
유한하다는 건 영원하지 않다는 것을 뜻하는데, 나는 이게 더 마음에
들었어. 스완 선생님도 찰흙을 무한히 가지고 있지 않으실 테니까.
게다가 무한한 우주 조형물을 만들려면 정말로 오래 걸릴 텐데,
예술을 위해 그렇게까지 노력하고 싶지는 않았어.
바로 다음이 점심시간이었거든.

다음 문제는 우주를 무슨 모양으로 만들어야 할지 모른다는 거였어.

우주와 같은 모양으로 만들어야 할 텐데…….

우주는 대체 어떻게 생겼지?

하워드 박사님은 우주가 어떤 모양인지 정말로 설명하기 어렵다고 하셨어.

우주 전체를 관측할 수 없기 때문이지. 우리는 우주의 일부분만

볼 수 있으니까. 관측 가능한 우주라는 말 기억하지?

과학자들은 우주 모양에 대해 몇 가지 가설을 세웠어.

가능성 #1: 무한한 미트 볼

박사님은 우주가 무한하다면, 거대한 미트 볼처럼 보일 거라고 하셨어.

박사님이 '미트 볼'이라고 하신 건 아니야.

정확히 말하면 '거대한 구'라고 하셨지.

하지만 너무 배가 고파서 떠오르는 대로 미트 볼이라고 불렀어.

우주가 무한하다면 점점 커지는 우주의 모습을 상상할 수 있을 거야. 영원히 점점 커지는 거대한 구 모양의 미트 볼처럼 말이야.

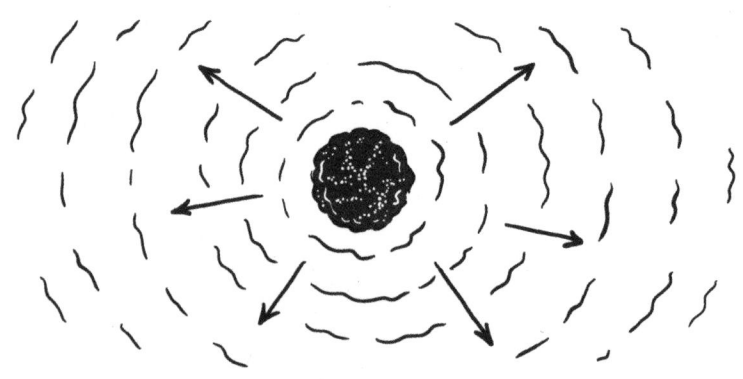

가능성 #2: 우주 부리토

또 다른 가능성은 우주가 매우 길쭉한 부리토 같은 모양이라는 거야. 하워드 박사님은 '원기둥'이라는 단어를 사용했지만, 길고 둥근 것이라면 부리토를 말하는 걸까? 내가 배고프다고 말했지?

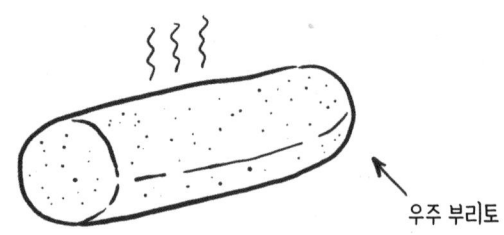

이런 모양은 우주가 한쪽 방향으로 끝이 없다는 것을 의미해.
부리토의 긴 쪽을 따라서 간다면, 영원히 계속해서 갈 수 있을 거야.
하지만 동그랗게 말린 방향으로 간다면,
원을 그리며 가다가 결국에는 출발했던 곳으로 돌아오게 되겠지.

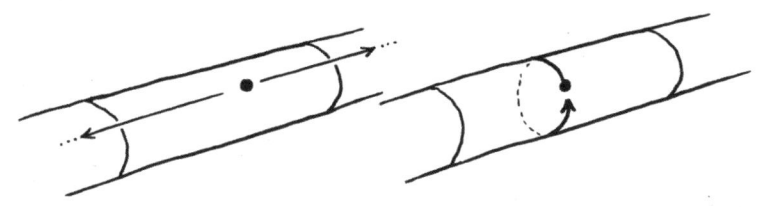

가능성 #3: 마법 도넛

마지막 가능성은 우주가 도넛 모양이라는 거야. 아마 내가 디저트로 도넛을 떠올리고 있었나 봐. 전문 용어로 '원환체'라고 하지만 과학자들도 때로는 도넛이라고 부르기도 한대.

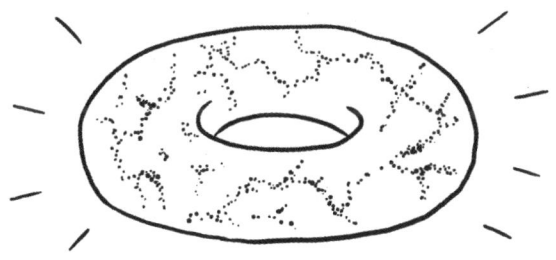

도넛이야말로 우주를 나타내는 멋진 모양이야.
도넛 모양은 우주가 유한하다는 것을 의미하기 때문이지.
어느 방향으로든 영원히 계속되지 않아.
또한 어느 방향으로 가든지 상관없이 항상 같은 장소로 돌아오지.
정말이야, 이걸 봐.

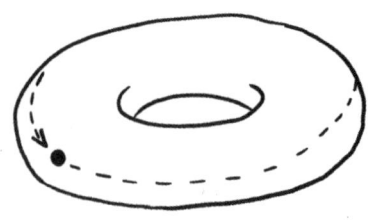 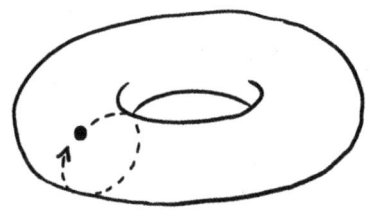

도넛의 바깥 가장자리로 돌면 큰 원을 그리다가 같은 장소로 돌아오게 돼.

도넛의 구멍 쪽으로 돌면 작은 원을 그리다가 또 같은 장소로 돌아오게 될 거야.

우주선을 타고 아주 오랫동안 한 방향으로 날아간다면
결국 다른 방향으로부터 날아와서 똑같은 장소에 도착하게 될 거야.

어쨌든 지금까지 찰흙으로 만든 우주 조형물이 어떻게 거대한 도넛 모양이 되었는지를 설명하려고 이야기한 거야.

나는 도넛 모양 우주를 만들기로 했어. 가장 재미있을 것 같았거든.
우리가 도넛에 살고 있다는 사실이 정말 놀랍지 않아?
분명 미트 볼이나 부리토에 사는 것보다 나을 거야.

나중에 도넛 모양으로 우주를 만들었다고 말하자,
박사님은 우주의 모양을 꼭 **한 가지**만 선택할 필요는 없다고 하셨어.
어떤 과학자들은 우주가 한 개만 있지 않다고 생각하기 때문이지.
우주가 **많이** 존재할 수도 있고, 그 우주가 각각 다른 모양일 가능성도
있대. 도넛 부리토 모양의 우주나 그밖에 다른 모양도 가능하지.

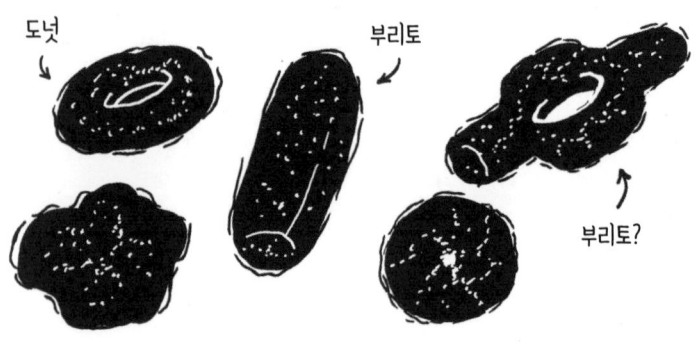

이 이론을 다중 우주론이라고 부르는데, 꽤 충격적이었어.

오직 하나의 우주만 존재한다고 생각했는데, 나중에 **더 많은** 우주들을 찾아낸다면 어떨 것 같아?

그때였어. 다른 우주로 이동하길 바라는 순간이 왔지.
바로 그때 재앙이 일어났거든.
기억하지? 내가 우주만 한 크기의 재앙을 겪었다고.
흐음, 찰흙으로 만든 도넛 모양 우주를 탁자에 올려놓지 말았어야 했어.
탁자에 금이 가기 시작했거든.

갑자기 탁자 다리가 부러지면서 우주 도넛이
다른 아이들이 만든 조형물 쪽으로 굴러가고 말았어!

모두에게 경고하려고 했지만 너무 늦었지.

에비의 가엾은 햄스터 씨기는 일어설 기회조차 없었어.

스벤의 라켓은 경기를 하기도 전에 끝나 버렸지.

마테오? 이런 유명한 말이 있어.

'뚱뚱한 오페라 여가수가 노래를 부르기 전까지는 끝난 게 아니다.'

마테오가 만든 오페라 가수가 노래를 불렀어. 다 끝났다는 말이지.

그건 우주만 한 크기의 엄청난 재앙이었어.
도넛 모양 우주 크기의 재앙이었지.

너무 미안해서 친구들에게 사과했지.

그때 스완 선생님이 교실로 돌아오셨어.

무슨 말을 해야 할지 잘 몰라서 그냥 이렇게 내뱉었지.

그런데 선생님의 반응에 모두가 놀랐어.

선생님은 우주에 있는 것들을 우주 조형물에 표현하기 위해 함께 만들었냐며 무척 영리하다고 칭찬하셨어. 마테오가 만든 오페라 가수, 에비의 햄스터, 스벤의 테니스 라켓 모두가 우주의 일부분이라고 하셨지. 선생님은 매우 감명을 받으셔서 우리에게 작은 메달을 특별히 달아 주시고 추가 점수까지 주셨어.

하워드 박사님이 맞았어. 우주의 크기를 알면 우주에 대한 올바른 관점을 세우는 데 도움이 될 거라고 하셨거든.
더 큰 그림을 볼 수 있으면 때로는 재앙처럼 보이는 것도 끝내주는 것으로 바뀔 수 있어.

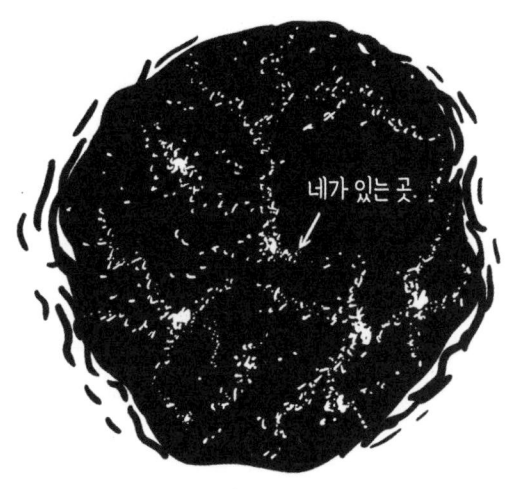

미술 수업이 끝나고 우리는 학생 식당으로 갔어. 정말 다행이었지. 우주 크기를 설명하기 위해서 부리토와 도넛 이야기를 했더니 우주 크기만큼 배가 고파졌거든.

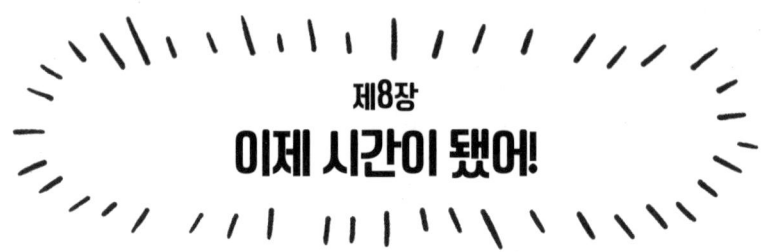

제8장
이제 시간이 됐어!

으악. 바쁘다 바빠! 시간이 별로 없어.

열한 살 짜리가 뭘 그리 바쁘겠냐고 생각하겠지만
학교 수업을 마치고 숙제, 집안일, 태권도 학원, 피아노 레슨을 한 뒤
만화책도 좀 보고 비디오 게임도 하려면 남는 시간이 거의 없어.

게다가 책의 마감일이 정해졌어. 발렌시아 선생님은 언제든 수업 시간에
책 내용을 발표할 수 있다고 하셨지만, 긴 연휴 전에 책을 마무리해야 해.

하워드 박사님을 찾아뵈었을 때 박사님이 하신 말 때문이야.
나는 박사님이 어디에서 일하시는지 궁금했어.
그래서 엄마가 나를 박사님이 근무하시는 대학교로 데려다 줬어.

"안녕하세요, 하워드 박사님!"

"오, 일찍 왔구나."

"여기가 박사님의 사무실이에요?"

"맞아."

"이것보다 더 클 거라고 생각했어요."

"뭘 도와줄까, 올리버?"

우주에 대해 궁금한 걸 몇 가지 더 물어보았고 박사님은 설명해 주셨지.
그리고 나서 마지막에 폭탄 선언을 하셨어.

박사님은 대형 천체 망원경이 있는 천문대에서 일하셔야 해서
일 년 동안 인도로 출장을 간다고 하셨지. 가족들도 함께 말이야.
그러면 완전히 다른 시간대에서 지내게 될 거라고 하셨어.
박사님에게 전화하기 어려워진다는 이야기이지.

중요한 건 이 책을 다음 달에 박사님이 인도로 떠나시기 전에
마무리해야 한다는 거야. 시간이 별로 없었어. 특히 충격적인 폭탄 선언을
한 번 더 들은 뒤에는 더 그랬지.
그게 무엇인지 마지막에 이야기해 줄게.

스포일러 경고:
**주요 줄거리가
꼬이다.**

이번 장에서는 오랫동안 생각해 오던 주제를 이야기할 거야.
바로 **시간**이야! 우주에 대해 이야기하려면 시간을 빼 놓을 수 없지.
자, 시간에 대해 이야기할 시간이야.

여름 방학이 끝나기 전에 부모님이 가족 여행을 가자고 말했던 거 기억나?
멀리 사는 사촌들을 만나러 갔는데 무척 좋았어.
하지만 거기까지 가는 동안 **엄청나게** 지루했어.

우리는 할 일 없이 차 안에서 몇 시간을 보내야 했어.
동생이 뒷좌석 가운데 선을 계속 넘은 건 전혀 도움이 되지 않았지.

동생은 태블릿을 가지고 있었지만, 나는 태블릿이나 게임기를 사용할 수 없어서 더 지루했지. 아빠가 내 물건을 자동차 짐칸에 깊숙이 넣어 버렸거든. 차 안에 창문 밖을 바라보는 것밖에 할 수 있는 게 없었어.
그건. 정말. **너무.** 지루했어. 시간이 어엄~처엉~천~천히 흐르는 것 같았지. 부모님에게 얼마나 지났는지 물어볼 때마다, 전혀 시간이 흐르지 않았어!

아빠는 나에게 한 번만 더 "아직 도착 안 했어요?"라고 물으면
나를 길가에 버리고 가겠다고 했어.
아빠가 정말 그렇게 할지 궁금했지만,
동생이 혼자서 뒷좌석을 차지하는 행복을 누리게 할 순 없었어.

너무나 지루한 나머지 평소라면 절대로 하지 않을 행동을 하기로 했지.
바로 가만히 앉아서 생각하는 거야.
차를 타고 가면서 본 이상하게 생긴 선인장들을 떠올렸어.
거대한 솜털 엉덩이 모양처럼 생긴 구름에 대해서도 생각했지.

가만히 앉아서 생각하다 보니, 나에게만 시간이 느리게 흐르는 것이 가능한지 궁금해졌어. 확실히 나만 그렇게 느끼는 것 같았지. 동생이 잠들자 동생의 태블릿으로 하워드 박사님에게 전화를 걸었어.

"앗! 누구세요?"

"안녕하세요, 하워드 박사님. 저예요, 올리버."

"왜 네가 커다란 아기 토끼처럼 보이니?"

"아, 그건 동생이 설정한 카메라 필터 때문이에요. 죄송해요, 어떻게 끄는 건지 모르겠어요."

"잠시만요, 제가 커다란 이모티콘으로 바꿀 수 있어요. 이게 더 낫죠?"

"별로. 왜 전화했니?"

차를 타고 있을 때 시간이 느리게 흐르는 것 같다는 내 이론을 말씀드렸어.
그러자, 놀랍게도, 박사님은 내 말이 맞다고 하셨어!

하워드 박사님은 우주의 매우 이상하면서도 멋진 점은
시간이 모든 곳에서 항상 같은 방식으로 흐르지 않는 거라고 하셨어.
우주에는 시간이 더 느리게 흐르는 곳도, 더 빨리 흐르는 곳도 있다고 해.

시간이 어느 곳에서나 똑같이 흐를 거라고 생각하겠지만
박사님은 우주가 그런 식으로 작동하지 않는다고 하셨어. 정말 이상하지?
시간이 느리게 흐르는 두 가지 경우가 있어.

1) 크고 무거운 것에 가까이 있는 경우

2) 정말로 빠르게 움직일 경우

첫 번째 경우는 꽤 쇼킹했어. 크고 무거운 블랙홀에 가까이 있다면 멀리 있는
누군가에게는 아주아주 느리게 움직이고 있는 것처럼
보인다는 거니까.

그런 일이 블랙홀에서만 일어나는 것도 아니야.
지구에서도 같은 일이 일어난대.

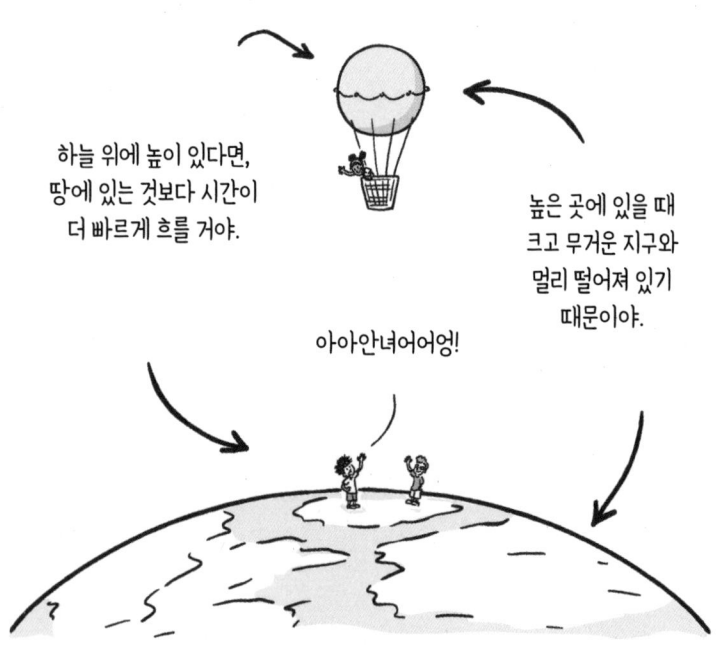

하워드 박사님은 지구가 블랙홀만큼 크고 무겁진 않아서
그런 일은 아주 드물게 일어난다고 하셨어.
하지만 분명히 일어나긴 하지.
과학자들은 열기구나 비행기 또는 높은 산에 시계를 놓고
땅 위에 있는 시계와 비교하는 실험을 했지.
어느 정도의 시간이 흐른 뒤에, 높은 곳의 시계들이 몇 시간마다
몇 나노 초 정도 아주 조금 더 빨리 가는 것을 확인할 수 있었어.

지구에서도 저마다 시간이 달리 흐른다니, 꽤 멋지지? 땅속으로
내려간다면 지구 내부와 훨씬 더 가까워질 거야.
박사님은 지구의 중심 부분이 나머지 부분보다 몇 년 정도 젊다고 하셨어.
지구 중심은 행성 전체에서 가장 가까운 곳이니까
시간이 더 느리게 흐르는 거지.

뭐랄까?
내면이 젊다고
할까?

이건 **발**이 다른 부분보다 더 느리게 움직인다는 뜻이기도 해.

일어섰을 때, 발이 머리보다 지구에 더 가깝지.
그러니까 발의 시간은 더 느리게 흐를 거야.

동생이 땅에 더 가까이에 있어서
그렇게 느린 건지 박사님에게 물었어.

시간이 느리게 흐르는 또 다른 경우도 정말 놀라워.
하워드 박사님은 정말 빠르게 움직일 때 시간이 느리게 흐른다고 하셨어.
차 안에서 시간이 느리게 간다는 내 이론이 맞다고 하신 이유이지.
차가 빠르게 움직이고 있어서 차 안에서는 시간이 느리게 흐르는 거야.

박사님은 빠르게 움직이면 시간이 느리게 흐르는 건 맞지만 빛의 속도만큼 **정말로 빠르지 않으면** 실제로 시간이 느리게 흐르는 것을 알아차리기 힘들 거라고 덧붙이셨지.
우리 아빠의 자동차 운행 속도는 빛의 속도와 정반대이기 때문에 달리는 차에 있는 내 시간은 거의 느려지지 않았을 거라고도 하셨어.

엄청나게 빨리 움직인다면 정말 이상한 일들이 일어날 수도 있어.
하지만 여전히 엄청나게 지루했어.
그래서 만화를 그리기로 했지. 대단한 우주 모험! 멋지지?
정말로 대단한 우주 모험에 관한 이야기야. 준비됐지? 이제 시작할게.

올리버는 다시 한번 빛에 가까운 속도로 날아서 지구로 돌아왔습니다.

지구에 착륙했을 때, **깜짝 놀랄 만한 일을 맞닥뜨리게 되었습니다.**

꽤 훌륭한 반전이지? 아마 무슨 일이 일어났는지 눈치챘을 거야.

우주 모험가 올리버가 엄청나게 빠른 속도로 움직이는 우주선에 있는 동안 올리버에게는 시간이 정말 천천히 흘렀지.

하지만 지구에 있던 동생에게는 시간이 평소와 같이 흘렀어.

그래서 동생이 누나가 된 거야.

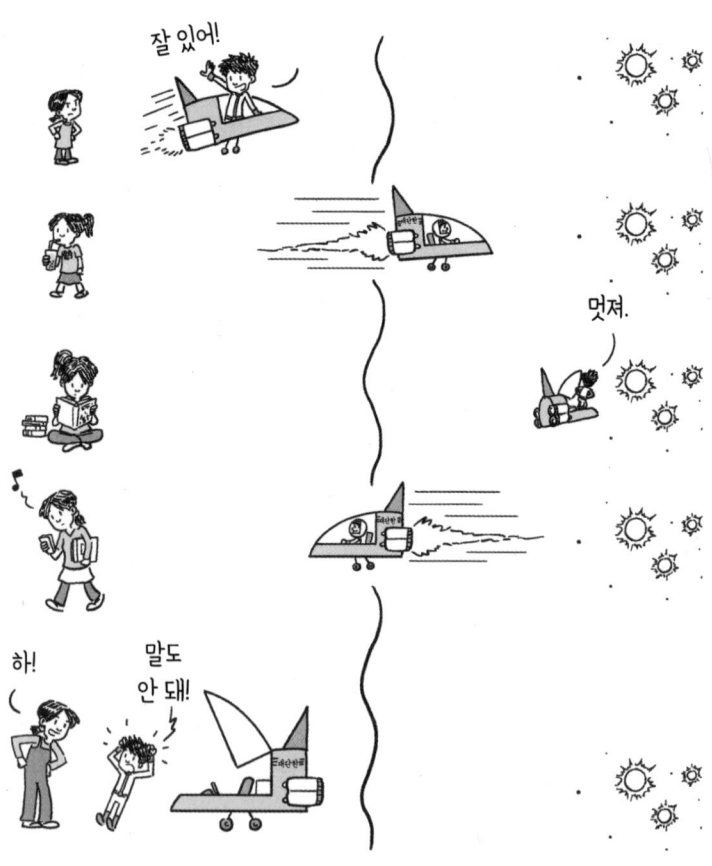

우주 모험가 올리버가 여행을 하는 데 9년이 걸렸다고 했지? 실제로 알파 센타우리는 지구로부터 그 정도 멀리 떨어져 있어.
하지만 올리버는 우주선의 느린 시간 속에 있었기 때문에 흐르는 시간을 조금도 알아채지 못했지.

과학자들도 이렇게 시간이 느려지는 이유를 정확히 알지 못한대. 크고 무거운 것에 가까이 있는 경우와 정말 빨리 움직일 때 시간이 느려지는 것 둘 다 말이야. 그건 그냥 그런 거야.
박사님은 우주에서 일어나는 이상한 일 중 하나라고 하셨어.
그렇게 이모티콘 얼굴을 한 나와 박사님은 대화를 이어 갔지.

아빠의 빠르지 않은 차는 내가 뒷좌석에서 대단한 우주 모험 만화를 다 그렸을 때쯤 드디어 사촌 집에 도착했어.
빛의 속도로 움직이지 않는다고 해도 무엇인가를 집중해서 생각하면 시간은 빨리 흐르는 것 같아.

충격적인 폭탄 선언에 대해 말하기 전에 고백할 게 있어.
알아차렸을지 모르지만, 대단한 우주 모험 만화는 사실 에비가 그린 거야.
요전에 하교 후에 에비가 우리 집으로 와서 내 그림을 다시 그려 주었어.

에비와 나는 지난 몇 달 동안 정말 좋은 친구가 되었어.
아주 오래 함께한 친구 같았지.

우리는 함께 비디오 게임을 하고 만화와 만화책에 대해서 이야기하고, 고양이나 형제들에 대해서 즐겁게 대화를 나눴어.

에비의 아버지가 에비를 데리러 우리 집에 오셨을 때 커다란 폭탄이 터졌지. 평소에 에비는 함께 놀고 난 뒤 집까지 혼자 걸어가지만, 그날은 처음으로 부모님 중 한 분이 에비를 데리러 오셨지. 문을 연 나는 내 인생에서 가장 충격적인 일을 경험했지.

하워드 박사님은 에비의 아버지였어!

에비에게 하워드 박사님에 대해서 이야기한 적이 한 번도 없었고,
에비의 성이 무엇인지 물어볼 생각도 한 적이 없었어.
에비의 이름은 에블린 레일라 하워드였어. 애칭이 에비였지.
우리는 모두 재밌어하며 웃었어. 에비와 나는 친구니까,
이제 박사님에게 질문하려면 언제든지 찾아갈 수 있게 된 거야.
하워드 박사님은 나만큼 좋아하지 않는 것 같았어.

기분이 좋았어. 하지만 에비와 박사님이 떠나는 것을 보면서 진짜로 이야기가 꼬인 것을 깨달았어.

박사님이 인도로 떠나신다면……. 에비도 같이 떠난다는 말이잖아!

제9장
우주의 종말

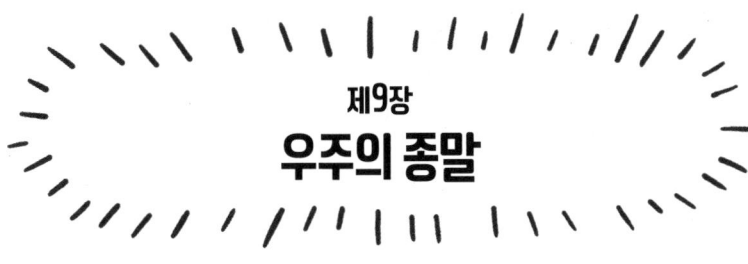

흠, 여기까지야. 이제 다 끝났어.

내 미래가 끝장나고 있어. 이건 햄스터 씨기 때문이야.

아마 내 우주만 한 재앙 이야기에 나왔던 햄스터를 기억할 거야.

에비가 찰흙으로 만든 햄스터. 엄청나게 귀엽다고 했던 그 녀석 말이야.

에비는 심지어 그 햄스터가 인쇄된 티셔츠를 입고 다녔어.

씨기에 대해서 알아야 할 첫 번째는
그 녀석이 이제 더 이상 에비의 햄스터가 아니라는 거야.
이제는 내 햄스터야. 에비가 가족들과 인도로 일 년 동안 떠나야 한다는
사실을 알게 된 후였어. 에비는 내게 중요한 부탁이 있다고 했어.

에비는 인도로 데려갈 수 없는 씨기를 나에게 부탁했어.
나는 그 작은 털 뭉치를 그렇게 좋아하지 않았지만,
에비는 내가 씨기를 돌봐 주는 것이 자신에게 큰 의미가 있다고 말했지.
게다가 에비는 씨기 때문에 자주 전화하겠다고 했거든.
작은 털 뭉치가 계속 연락할 좋은 핑계가 될 거라고 생각했어.

에비는 떠나기 일주일 전에 햄스터를 데리고 왔어.
그 녀석을 돌보는 데 익숙해지도록 나에게 기본적인 것들을 알려 주었어.

항상 이 뚜껑을 닫아야 해!

씨기에 대해서 알아야 할 두 번째는 씨기는 더 이상 내 햄스터가 아니라는 거야. 그 녀석이 우리 집에 있지 않으니까.
나는 씨기를 잘 돌봐 주었어.
진짜야! 처음 며칠 동안은 먹이를 주고
마실 물을 갈아 주고 엉덩이를 닦아 주기도 하고…….
심지어 이 작은 녀석에게 친밀감을 느끼기 시작했어.

헛, 이 녀석 좀 귀엽네.

며칠 뒤, 씨기의 집을 청소하러 갔을 때 뚜껑이 열려 있는 것을 발견했어. 깜빡하고 뚜껑을 닫지 않았나 봐. 상자 안쪽을 살펴보았지만 씨기는 없었어.

분명히 상자 벽을 기어올라서 탈출했을 거야! 집 전체를 샅샅이 뒤졌어. 창문으로 기어오른 뒤에 밖으로 뛰어내렸을까?
나를 지나쳐 달려간 뒤 현관문으로 몰래 빠져나갔을까?
내가 알고 있는 거라곤 씨기를 어디에서도 찾을 수 없다는 사실이었지.

기분이 좋지 않았어. 에비가 뭐라고 할까?
에비에게 말해야 했지만 그러고 싶지 않았어.
설상가상으로 내가 쓴 책을 발표하는 날에 이런 일이 벌어졌지.

그날 아침, 학교로 걸어가면서 우주가 끝나 버렸으면 좋겠다고 생각했어. 그러면 내가 해야만 하는 두 가지 일을 하지 않을 수 있잖아.

하워드 박사님에게 문자를 보냈어.

"안녕하세요, 하워드 박사님."

"그래, 안녕? 올리버. 씨기는 잘 지내니?"

"박사님, 앞으로 20분 안에 우주가 끝나 버릴 가능성이 얼마나 될까요?"

"거의 없다고 봐야지."

"어휴."

하워드 박사님에게 언젠가 우주가 끝날 수도 있는지 물었어.
그러자 박사님은 그럴 가능성이 거의 없다고 하셨지.

"과학자들 대부분 우주가 영원히 계속될 거라고 생각한단다."

"그렇군요."

"하지만……."

"하지만요?"

"하지만 정말로 이상한 일이 일어날 수 있을지도 모르지."

이상한 일이라고?

하워드 박사님은 우주에서 일어날 수 있는 일이 세 가지 있다고 하셨어.
이 일은 모두 방귀에 달려 있어. 무슨 뜻이냐고?

우주의 시작이 마치 많은 사람이 복도에 갇혀 있을 때,
누군가 갑자기 방귀를 뀌었을 때와 같다고 말했던 거 기억하지?

우주에 무슨 일이 일어날지 알려면
그 방귀가 어떻게 되느냐에 달려 있어.
우주는 지금도 여전히 폭발하고 있다는 것도 기억하고 있겠지?
그 폭발은 바로 그 방귀로 작동되고 있는 거야.
네가 기억할지 모르겠지만, 과학자들은 그것을 암흑 에너지라고 불러.

첫 번째 가능성은 방귀가 주변을 맴돌면서 퍼지는 거야.
그러면 아이들이 계속해서 사방으로 도망가겠지.

결국 아이들이 멀리 달아나게 될 테고, 서로 엄청나게 멀어지게 될 거야.

그렇게 되면 아이들은 저마다 엄청나게 지루해지겠지.

암흑 에너지가 영원히 주변을 맴돈다면 우주에서 일어날 법한 일이야.

우주는 계속 점점 더 커질 거야. 우주가 커지면서 우주에 있는 것들도 점점 멀어지겠지. 그렇게 되면 주위에 아무것도 없고 엄청나게 지루해질 거야.

과학자들은 이것을 '우주의 열죽음'이라고 불러.
나는 우주의 열죽음이라고 부르는 것보다 더 좋은 이름을 생각해냈어.
'빅 노잼' 어때? 하워드 박사님도 공감하시는 것 같았어.

"노잼이라는 말이 아무것도 없는 우주의 상태를 잘 나타내는 것 같구나."

"그렇죠? 제 생각에도요. 과학자들은 이름을 지을 때 저에게 맡겨야 해요."

박사님은 우주에 일어날 수 있는 다른 두 가지 일에 대해서도
말해 주셨지만, 그건 조금 이따가 알려 줄게.
학교에 도착했을 때 내가 느꼈던 건 바로 빅 노잼이었어.
씨기에 대해 말할 준비가 되어 있지 않아서 에비를 피해 다녔지.

하지만 스벤이 나를 찾아냈어. 스벤에게 씨기를 잃어버렸다고 했더니
스벤은 에비가 엄청 실망할 거라고 했지. 스벤은 내 기분을 잘 안다고 했어.
언젠가 키우던 뱀을 집에서 잃어버렸을 때,
스벤의 부모님은 기분이 좋지 않으셨대.

이리 오렴,
작은 코브라야.

첫 수업에 들어가기 전까지 에비를 피해 다니는 것은 어렵지 않았어.
아침 시간에 학교는 꽤 붐비거든. 우주에서 일어날 수 있는 일과 비슷하지.
박사님은 우주를 폭발하게 만드는 암흑 에너지가 사라질 수도 있다는 것이 우주에 일어날 수 있는 두 번째 가능성이라고 하셨어.
마치 아이들을 도망치게 만들었던 방귀가 갑자기 사라지는 것과 같지.

그렇게 되면 아이들은 계속해서 도망가야 할 이유가 없을 테니까 다시 모이기 시작하겠지. 아침에 학교에 다들 모이는 것처럼 말이야.

아이들은 시작했던 곳으로 다시 돌아오게 될 거야.
처음처럼 꽉 끼일 정도로 아이들이 많이 모여들겠지.

우주에서는 중력에 의해 모든 것이 뭉쳐질 거야.
중력은 우주에 있는 별과 은하를 전부 끌어당겨 아주 작은 점 하나로
찌그러뜨릴 수 있지. 아마도 영원히 말이야.

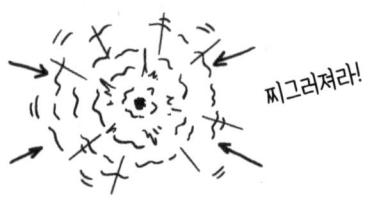

과학자들이 이 가능성을 '빅 크런치(대함몰)'라고 부른대.
영어로 크런치는 찌그러질 때 나는 소리야. 과학자들이 이름을 잘 지었네.

학교 이야기로 돌아와서, 나는 첫 수업 전까지 에비를 피하려고 애썼어.
에비와 같은 수업이 아니라 다행이었지. 하지만 첫 수업은 과학이었어.
내가 쓴 책을 발표해야 할 시간이라는 뜻이지.
교실로 막 들어가려고 할 때 발렌시아 선생님이 나를 부르셨어.

어떻게든 숨어 있으려고 했지만, 발렌시아 선생님 때문에 들키고 말았지.

가방에서 책을 꺼낸다는 핑계로 몸을 숙여 에비를 피하려고 했지.

그때 나는 뭔가를 느꼈어.

책 사이에 뭔가가 있었지. 작은 털 뭉치 같은…….

씨기는 내 가방에 내내 숨어 있었나 봐. 다행히 그 녀석은 다치지 않았어.
작은 털 뭉치를 보는 게 그렇게 기뻤던 적은 없었어.
학교가 아니었다면 씨기를 껴안아 주었을 거야.
하지만 햄스터를 껴안은 사람으로 소문나고 싶지는 않았지.
발렌시아 선생님은 약간 놀라셨어.

씨기도 발렌시아 선생님을 보고 놀랐던 거 같아. 내 손에서 뛰어내렸거든.
그거 알지? 영화에서 극적인 일이 일어날 때,

배우들이 엄청 느리게 움직이는 거 말이야.
씨기가 내 손에서 뛰어내릴 때, 내가 느꼈던 것이 바로 그거였어.

설상가상으로 씨기는 교실로 들어가는 아이들 무리 사이로 도망쳐 버렸지.

어떻게 해야 할지 몰랐어! "**햄스터가 탈출하고 있다!**"하고
소리칠까 했지만, 혼란을 만들고 싶지 않았어.
우주에 일어날 수 있는 일 중 세 번째 이상한 일이 떠올랐지.
음……. 미래에 암흑 에너지가 더 강력해질 수도 있다고 하셨어.

그렇게 되면 우주는 갈기갈기 찢길 거야. 상상해 봐. 방귀가 퍼지면서 더 강력한 냄새가 난다면 어떻게 될지.
완전히 혼돈을 일으키게 되겠지!
아이들은 미친 듯이 뛰어다니기 시작하고 서로에게 걸려 넘어지고 말 거야.

과학자들은 이것을 '빅 립(대파열)'이라고 부른대.
영어로 립은 찢긴다는 뜻이야. 우주가 엄청나게 빠른 속도로 커지면 은하와 별과 행성은 산산조각으로 찢기고 말 거야.

학교에서 그런 일이 일어나는 것은 피하고 싶었어.
하지만 문제는 더 이상 나에게 달려 있지 않다는 거야.
몇몇 아이들이 씨기가 뛰어다니는 것을 알아차렸어.

나쁜 일이 생기기 전에 씨기를 잡으려고 했어.

하지만 아이들 사이를 지나갈 수 없었지.

누가 실수로 씨기를 밟으면 어쩌지?

그때 누군가 소리쳤어.

에비였어! 에비가 아이들을 멈춰 세웠어. 그러자 씨기가 에비에게 바로 달려가 안겼지.

맞아, 에비에게 설명할 것이 많았어. 하지만 에비는 화내지 않았지. 그저 씨기가 무사한 것을 다행으로 여겼어.

발렌시아 선생님은 씨기가 교실에 있어도 괜찮다고 하셨어.
씨기는 아이들 사이에서 유명 인사가 되었고, '작은 털 뭉치'라고 불렸지.

책 발표는 어떻게 되었냐고?
발렌시아 선생님에게 책을 아직 다 쓰지 못했다고 솔직하게 말했어.
우주의 종말에 대해 조금 더 써야 한다고 했지.
바로 지금 읽고 있는 부분이야.
발렌시아 선생님은 책을 다 쓰면 보여 달라고 하셨어.

자, 정리해 볼게.
아마 우주는 끝나지 않을 거야. 하지만 이상한 일들이 일어날 수도 있지.
우주는 계속 점점 커질 수도 있고, 작게 찌그러질 수도 있어.
아니면 산산조각으로 찢길 수도 있지.
결국 암흑 에너지가 어떻게 되느냐에 달려 있어.

하지만 걱정하진 마. 우주가 찌그러지거나 찢어진다고 하더라도
수십 억 년 동안은 일어나지 않을 거야.
과학자들 역시 그런 일은 일어나지 않을 거라고 했지.
우주는 그저 계속 커지고 더 지루해질 거야. 지루한 것이 내게는 훨씬 좋아.
잠깐이긴 했지만 충분히 흥분할 만할 일을 경험했거든.

제10장
이 책의 끝

며칠 뒤, 수업 시간에 내 책을 발표했어.

떨리기는 했지만 다들 재미있어 했어. 몇 명은 내 책을 볼 수 있냐고 물었지.

근데 책을 빌려 주려면 복사본을 더 찍어야 한다고 말했어.

딱 한 권뿐인 인쇄본은 줄 사람이 있었거든. 그날 학교가 끝난 뒤에,

아빠가 나를 데려다 줬어. 바로 그 사람에게 내 책을 줄 수 있도록 말이지.

다행히 공항으로 막 떠나려던 에비를 만날 수 있었어.

박사님은 내 책이 기대된다면서 계속 전화를 할 건지 물어보셨어.
나는 박사님에게 혹시 우주에 관해 궁금한 것이 생기면
나에게 전화해도 좋다고 말씀드렸지. 이젠 내가 우주 전문가니까!

에비는 책에서 자신이 그린 그림을 보고 좋아했어.
그리고 우리가 또 다른 책을 만들면 좋겠다고 말했지.

나는 에비에게 생각해 보겠다고 했어.

우리는 계속 연락하며 지낼 거야.
에비가 블랙홀 같은 곳에 들어가는 것도 아니니까.

자, 여기까지야! 재미있게 읽었니?
이제는 내가 잘할 수 있는 것이 무엇인지 알게 되었어.
바로 방귀로 멋진 우주에 대해 이야기하는 것이지.
누구나 정말로 잘할 수 있는 게 있어.
아직 찾지 못했어도, 언젠가 분명히 찾을 수 있을 거야.
우리가 살아가는 곳은 엄청나게 큰 우주니까.

올리버는 거의 빛의 속도로 여행했습니다.

외계인 친구를 빨리 만나고 싶어!

여러 행성들을 방문하고 항성계(태양계처럼 항성인 태양과 그 주변을 도는 행성, 위성, 혜성과 같은 천체들이 이루는 체계)로부터 또 다른 항성계로 날아다녔습니다.

어떤 행성은 그들의 태양에 너무 가까이 있어서 몹시 뜨거웠습니다.

이크!

어떤 행성은 그들의 태양에서 너무 멀리 있어서 몹시 추웠습니다.

부르르!

어떤 행성은 적당한 위치에 있었지만 물과 공기가 없었습니다.

헉!

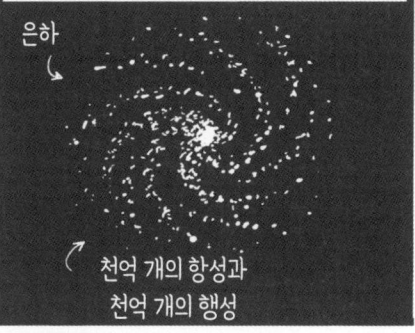

올리버는 거의 빛의 속도로 이동하는 바람에 지구의 시간으로 60년 동안 떠나 있었습니다. 그사이 동생은 세쌍둥이를 낳았고, 그 세쌍둥이가 세쌍둥이를 낳았습니다.

우리들의 할아버지예요!

다행히 그 아이들은 비디오 게임을 좋아했습니다. 결국 모든 것이 다 잘되었답니다.

그래도 청소는 해야지!

지금은 누나가 되어 버린 동생

저녁 먹을 때 **부모님께** 말하면 부모님을 감동시킬 만한 것들.

우주는 한때 아주 작은 점보다 작았어요!

태양은 항상 뭉쳐서 폭발하고 있어요!

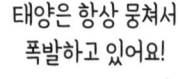

블랙홀은 우주에 있는 구멍이에요!

무엇으로든 블랙홀을 만들 수 있어요!

아빠가 블랙홀에 빠진다면, 아마 절대 빠져나오지 못할 거예요!

수십억 년 뒤에 태양은 아주아주 커질 것이고 지구를 집어삼킬 거예요!

 기억하세요, 무엇인가를 설명하는 것이 그 내용을 이해하는 가장 좋은 방법이랍니다!

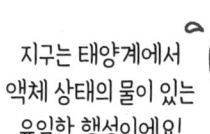 지구는 태양계에서 액체 상태의 물이 있는 유일한 행성이에요!

우주의 대부분은 으스스하고 신비로운 암흑 물질과 암흑 에너지로 이루어져 있어요!

 토성에서는 다이아몬드 비가 내린대요!

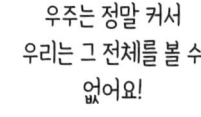 우주는 정말 커서 우리는 그 전체를 볼 수 없어요!

 우아.

 엄마가 서 있으면 발 쪽의 시간이 머리 쪽의 시간보다 더 느리게 흐를 거예요!

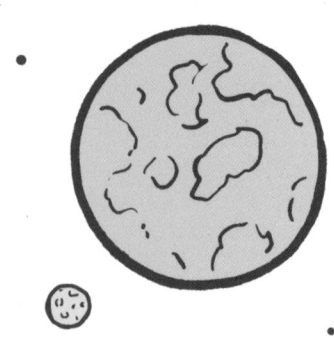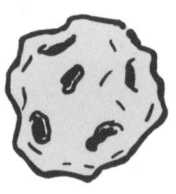

더 배우고 싶은가요?

많은 정보를 얻을 수 있는 홈페이지를 확인해 보세요.

한국천문연구원: www.kasi.re.kr
천문우주지식정보: astro.kasi.re.kr
어린이천문대: www.astrocamp.net
한국항공우주연구원: www.kari.re.kr

살고 있는 지역의 공공 도서관에도 가 보세요!
분명 우주에 관한 자료나 책이 많이 있을 거예요.

감사의 글

진짜 하워드 박사님이신 앤드루 하워드 박사님을 비롯해, 케이티 맥, 필리스 휘틀지, 데이비드 시나브로, 줄리 코머포드 그리고 맷 시글러 등 이 책의 내용이 맞는지 확인해 준 과학자들에게 큰 감사를 드립니다. 린다 시멘스키를 비롯해 마테오, 라일라, 스콧 가족, 올리버의 D&D 모임, 로드리게스 가족, 하워드 가족, 피파드 가족, 그리고 월다이트 가족 등 이 책의 초안을 읽어 준 모든 아이들과 부모님들에게도 감사드립니다. 하워드 리브스와 에이브럼스 팀, 세스 피시먼과 거너트 팀에게 정말 감사드립니다. 수엘리카, 엘리너 그리고 내게 영감을 주는 사람이자 비공식적 동료 작가인 올리버에게도 감사합니다.

찾아보기

ㄱ
감마선 15-16
공전 주기 90
관측 가능한 우주 166
궤도 112
금성 92, 97-100, 102, 107, 112

ㄷ
다중 우주론 176

ㄹ
라니아케아 초은하단 162-164

ㅁ
명왕성 96, 123-124
목성 92, 103, 105, 107, 112

ㅂ
방패자리 UY 160
분열시키는 에너지 142
블랙홀 16, 19, 43-50, 54-55, 58, 126, 193-194
블랙홀 내부 49
블랙홀 찾는 법 51-53

블랙홀이 만들어지는 방법 57-58
빅 립(대파열) 229
빅뱅(대폭발) 30
빅 크런치(대함몰) 224

ㅅ
수성 90-91, 93, 102, 107, 112
시간이 느리게 흐르는 경우 192-197

ㅇ
알파 센타우리 202, 207
암흑 물질 137-142, 148
암흑 에너지 141-144, 148, 219-220, 223, 228, 233, 245
외계인 18, 21, 55, 169
우리은하 47, 143, 161-163
우주에 일어날 수 있는 일 218-223
우주의 모양 170-176
우주의 열죽음 221
우주의 크기 157
웜홀 55

ㅈ

중력 139, 144, 224

중성 미자 134-138, 144

지구 47, 58, 71-72, 91, 95, 97, 102, 107, 112, 123, 139

지구의 크기 157, 159, 163

ㅊ

천왕성 92, 107, 110-112, 118, 120-121

ㅌ

태양 71-72, 75-78, 81-84

태양계 90, 112

태양의 내부 온도 78

태양의 크기 71

토성 92, 104, 106-107, 112

트림하는 태양(코로나 질량 방출) 82-83

ㅎ

항성계 202, 240

해왕성 92, 107, 109-110, 112

핵폭발 75-76, 78, 84

행성 16-18, 25, 31, 90-92

화성 97, 101-102, 107